W0233539

Servietten falten
phantasievoll und dekorativ

Doris Kuhn
Servietten falten
fantasievoll und dekorativ

CIP-Titelaufnahme der Deutschen Bibliothek

Kuhn, Doris:
Servietten falten: phantasievoll und dekorativ/Doris Kuhn. –
Wiesbaden: Englisch, 1990, 2. Aufl. 1991

ISBN 3-8241-0410-5

Die Ratschläge in diesem Buch sind von Autorin und Verlag
sorgfältig erwogen und geprüft, dennoch kann eine Garantie nicht
übernommen werden. Eine Haftung der Autorin bzw. des Verlages
und seiner Beauftragten für Personen-, Sach- und Vermögensschäden
ist ausgeschlossen.

Inhaltsverzeichnis

Vorwort

Eine althergebrachte, wunderschöne Kunst erlebt gerade zur Zeit eine ungeahnte Renaissance und erfreut sich immer wachsenderer Beliebtheit – die traditionsreiche Kunst des Serviettenfaltens, oder -brechens, wie der Fachausdruck lautet.

Die Anfänge dieser dekorativen Kunst liegen im Dunkeln. Entstanden vermutlich im Europa des 16./17. Jahrhunderts, erlebte sie im 18 Jh. ihren Höhepunkt. Später verlief ihre Geschichte dann eher wechselhaft: Die Serviettenfaltkunst wurde vernachlässigt, geriet fast ganz in Vergessenheit, lebte zwischendurch immer mal wieder auf, galt zeitweise aus hygienischen Gründen als verpönt, feierte ein siegreiches Comeback und liegt heute wieder voll im Trend.

Ein Grund dafür ist wohl, daß man heutzutage, nach der „Fast-Food-Moderne", mit ihrer nüchternen „Schnell-praktisch-pflegeleicht-Ideologie" wieder gesteigerten Wert auf eine verfeinerte Tischkultur legt. Nicht nur zu großen Anlässen, sondern auch im privaten Bereich schätzt man wieder die gepflegte Atmosphäre eines stilvoll gedeckten Tisches.

So wurde auch der Serviette, als praktischem und auch dekorativem Bestandteil der Tischkultur wieder Beachtung geschenkt und die alte Kunst des Serviettenfaltens neu entdeckt.

Nachdem „stilvoll" nicht mehr unbedingt mit klassischem Weiß gleichgesetzt wurde, kam die Farbe als neues Dekorationselement dazu. Gleichzeitig hielten neue Materialien und ausgefallene Formen Einzug an der Tafel. Geschirr und Besteck wurden gar zu Designerobjekten. Diese Entwicklung mit ihren neuen Möglichkeiten bewirkte eine Gestaltungs- und Verwandlungslust an heimischen Tafeln. Die Tischdekorationen wurden immer phantasie- und ausdrucksvoller. Man erkannte oder erinnerte sich wieder, daß Servietten, hübsch arrangiert, dekorativ gefaltet oder zu kunstvollen Figuren gebrochen, nicht nur Schmuckstück und Blickfang eines stilvoll gedeckten Tisches sind, sondern auch Akzente setzen, Atmosphäre schaffen und Stimmung vermitteln. Eine kunstvoll gefaltete Serviette als wichtiges Gestaltungselement unterstreicht dekorativ die üppige, ausgefallene, exotische, klassische oder strenge Note eines Tischarrangements.

Dieser neue Trend spiegelt sich im Handel wieder; nie vorher gab es ein so vielfältiges Angebot an Servietten, für jede Gelegenheit und für jeden Geschmack passend:
kleine 20 × 20 bis 25 × 25 cm große Cocktailservietten, Tee- oder Frühstücksservietten zwischen 30 × 30 bis 35 × 35 cm Größe auf die klassischen Dinnerservietten ab dem Format 40 × 40 cm bis 60 × 60 cm;
Papierservietten in allen erdenklichen Farben und Mustern, von lustig/poppig über geblümt/verspielt bis zu graphisch/streng;
Japanservietten aus duftigem Seidenpapier – oft rund – oder sogar mit gebogenen oder gezackten Kanten;
Vliesservietten, und oder mit Bordüren, aus hochwertigem Material, neuerdings sogar mit Stoffcharakter,
und natürlich die klassischen Stoffservietten mit Stickereien oder aus edlem Damast oder modern in neuen Mustern und Materialien.

Das Angebot ist überwältigend. Hat man aber diese Qual der Wahl bewältigt, stellt sich oft ein neues Problem: Was tue ich mit meiner Serviette? Wie bringe ich dieses hübsche Exemplar am besten zur Geltung, wie dekoriere ich sie phantasievoll? Nun, wenn Sie stilvoll gedeckte Tische mögen, Spaß an Verwandlungen haben und Ihre Serviette nicht einfach lieblos auf den Teller oder unter die Gabel legen möchten, zeigt Ihnen dieses Buch, als Einführung in die Kunst des Serviettenfaltens, einfache und schnelle, dekorative und kunstvolle Möglichkeiten, wie Sie Ihre Serviette in eine hübsche Tischdekoration verwandeln können.

Es soll Ihnen alte, überlieferte Formen und außergewöhnliche Figuren dieser Kunst, aber auch neue Ideen vorstellen und näherbringen. Vor allem soll es aber die Freude an der Kunst des Serviettenfaltens wecken.

Sie werden sehen, es ist gar nicht so schwierig, mit etwas Übung und einer genauen Anleitung die hübschesten Serviettenkreationen zu zaubern.

Zum Schluß noch eine kleine Anmerkung: Zu besonders festlichen Anlässen sind natürlich nach wie vor edle Stoffservietten die stilvollste Tischdekoration. Papierservietten, früher oft als billig und Wegwerfartikel verpönt, gelten aber heute in ihren hübschen und phantasievollen Ausführungen durchaus als gesellschaftsfähig. Hochwertigen Vliesservietten wird sogar immer lieber der Vorzug vor den doch aufwendig zu pflegenden Stoffservietten gegeben.

Diese Entwicklung habe ich versucht in diesem Buch zu berücksichtigen und bewußt viele Anregungen und Vorschläge eingebracht, die sich auch gut für die oft etwas kleineren Papier- oder die etwas steifen Vliesservietten eignen. Sollte das Gelingen einer Figur abhängig von Größe oder Material der verwendeten Serviette sein, so ist dies in dem jeweiligen Kapitel besonders vermerkt.

Servietten, ob aus Vlies, Stoff oder Papier, bis zu einer Größe von ca. 40 × 40 cm, kommen in einem Glas arrangiert besonders hübsch zur Geltung.

Servietten über 45 cm wirken so dekoriert jedoch leicht zu üppig. Für größere Formate empfiehlt es sich daher, das untere Ende mit einem Band oder einem Serviettenring zusammenzuhalten, und den „Strauß" liegend auf dem Tisch oder Platzteller zu arrangieren. Ein solch liegender Strauß kann zugleich als elegantes Behältnis für das Besteck dienen – stecken Sie einfach das Besteck in die Serviette, bevor Sie den Serviettenring über das untere Ende schieben.

Wie Sie auf unserem Photo sehen, eignet sich der „Strauß" als geradezu ideale Figur für die seit neuestem auf dem Markt erhältlichen Japanservietten aus dünnem Seidenpapier, die meist rund sind, oft auch mit gebogenen oder gezackten Kanten.

Runde Servietten werden, ebenso wie die viereckigen, in der Mitte gefaßt, angehoben und ausgeschüttelt. Als Strauß in einer Kaffeetasse arrangiert oder mit dem Stiel in die Zacken einer Kuchengabel gesteckt, werden Ihre Japanservietten so zum Blickfang der Kaffeetafel. Wir haben für unser Beispiel gleich mehrere dieser dünnen Seidenpapierservietten aufeinander gelegt und erhielten so diesen dichten, duftigen Strauß.

Wie dekorativ ein „bunter Strauß" wirken kann, sehen Sie ebenfalls auf unserem Photo. Dazu werden einfach zwei verschiedenfarbige oder unterschiedlich gemusterte Servietten, wie in der Zeichnung dargestellt, diagonal übereinander gelegt und dann als Strauß gefaßt.

Das Viereck

Der Strauß

Mit dem duftigen Strauß lernen Sie gleich zu Beginn eine ganz einfache Technik kennen, mit der selbst in der Kunst des Serviettenfaltens gänzlich Ungeübte im Handumdrehen hübsche Tischdekorationen zaubern können.

Die Serviette wird flach ausgebreitet und mit drei Fingern am Mittelpunkt gefaßt. Dann wird die Serviette angehoben, die Mitte dabei etwas zusammengeknautscht und leicht ausgeschüttelt. Schieben Sie nun einen Serviettenring über das zum „Stiel" gewordene Ende, oder drehen Sie die Serviette um und stellen sie mit der Spitze in ein schmales Glas.

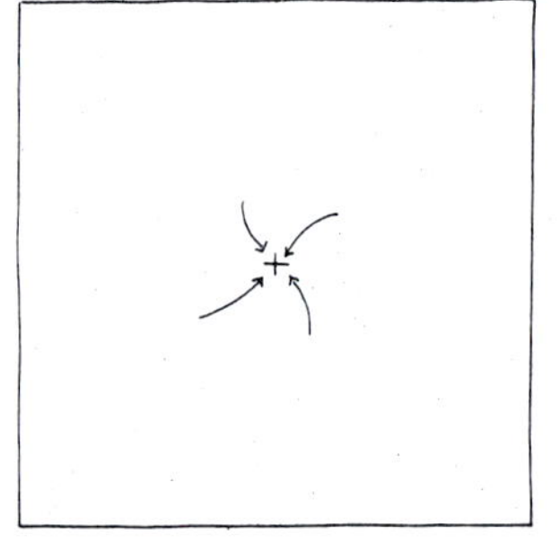

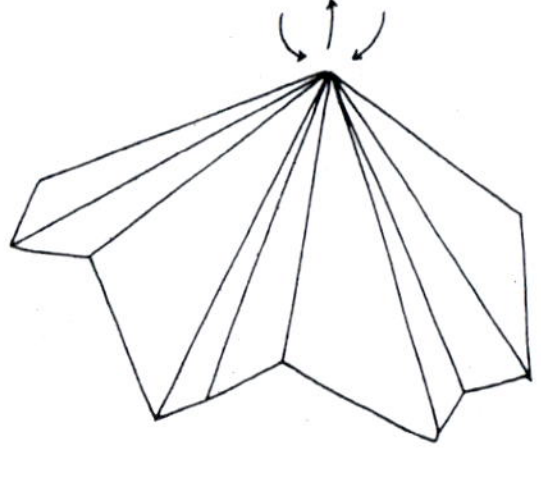

Fächer und Mond

Eine Serviette zu fächern, d. h., sie in gleichmäßige Falten zu legen, die sich dann je nach Figur zu einem oder mehreren Fächern entfalten, ist nicht nur eine sehr beliebte, sondern auch eine äußerst dekorative Technik, die auch in späteren Kapiteln in immer neuen Variationen wiederkehren wird.

Hier lernen Sie erst einmal den einfachen Fächer, den schrägen Fächer, den Halbmond und den Vollmond kennen. Grundform dieser Figuren war jedesmal eine glatt ausgebreitete Serviette, die dann schmal gefächert wurde. Durch kleine Abwandlungen entstanden aus dieser einfachen Form die verschiedenen Figuren, die Sie auf unserem Photo sehen, und die Sie in der Anleitung einzeln noch ausführlicher beschrieben finden.

Vorab jedoch noch eine kurze Anmerkung zur Technik des Fächerns: je schärfer ausgeprägt die Faltkanten, desto ausdrucksvoller das Endergebnis. Dies gilt für alle gefalteten Serviettenformen, im besonderen aber für die gefächerten Exemplare. Nehmen Sie daher bei diesen Figuren Sprühstärke zu Hilfe, und bügeln Sie die Brüche fest mit dem Bügeleisen aus. Auch wenn Sie Vlies- oder Papierservietten verwenden, erhalten Sie ein hübscheres Ergebnis, wenn Sie die Falten vorsichtig ausbügeln oder mit einem Messerrücken fest ausstreichen.

Fächer

Brechen Sie eine ausgebreitete Serviette im Abstand von je ca. 2 cm, abwechselnd vor und zurück, je acht- bis zehnmal, bis sie als schmales Band in gleichmäßigen Ziehharmonikafalten liegt. Halten Sie die Mitte dieses Bandes zusammen, und biegen Sie die beiden seitlichen Enden der Serviette nach oben zur Mitte zusammen. Diese Figur hat nur aus sehr steifen Vliesservietten gearbeitet genug Standfestigkeit, um sie mit dem unteren Ende in einem Glas stehend zu arrangieren. Größere, vor allem weichere Servietten halten Sie am besten am unteren Ende mit einem Band oder Serviettenring zusammen, breiten das obere Ende zum Fächer aus, indem Sie die äußeren Enden nach außen ziehen, und dekorieren sie dann liegend.

liegen. Die Serviette wird dann mit dem unteren Ende in ein schmales Glas gesteckt und die Enden der beiden oberen Hälften zu Fächern auseinandergezogen.

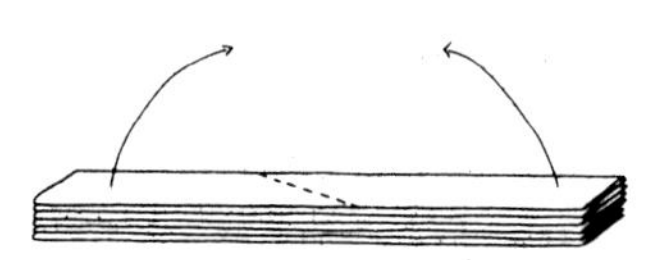

Halbmond

Damit der Halbmond nicht zu groß wird, sollten Sie für diese Figur nur Servietten bis zu einer Größe von maximal 35 × 35 cm verwenden. Falten Sie die Serviette wieder in gleichmäßigen Abständen abwechselnd vor und zurück, bis Sie als schmales Band vor Ihnen liegt. Markieren Sie nun die Mitte dieses Bandes, indem Sie ein Ende auf die andere Seite legen, den Knick fest ausstreichen und die Seite wieder umlegen. Legen Sie den Zeigefinger einer Hand auf den Knick, um das Band in der Mitte zusammenzuhalten, und ziehen Sie die oberen Ecken der seitlichen Enden nach oben zur Mitte zusammen. Auch diese Figur kann wegen ihrer geringen Standfestigkeit nur liegend auf einem Teller oder Platzset arrangiert werden.

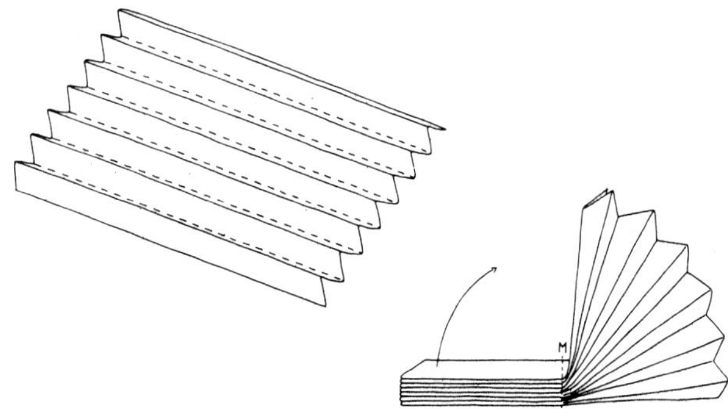

Schräger Fächer

Für den schrägen Fächer wird wieder eine Serviette ziehharmonikaartig zu einem schmalen Band gefächert. Dieses Band wird jetzt in der Mitte schräg geknickt, so daß die nach oben gebogenen seitlichen Enden versetzt übereinander

Vollmond

Falten Sie aus zwei etwa 33 × 33 cm großen Servietten, wie vorher beschrieben, zwei Halbmonde. Zusammengesetzt ergeben diese dann den Vollmond.

Die spanische Wand

Hier nun eine etwas aufwendigere Variante zum Thema Fächern – die spanische Wand.

Zugegebenermaßen ein etwas seltsamer Name für so eine aparte Serviettenform, der aber wahrscheinlich daher rührt, daß diese Figur die Form eines Fächers hat und „freistehend" dekoriert werden kann.

Für die spanische Wand eignen sich am besten Stoffservietten, die etwa 50 × 50 cm groß sein sollten, da die fertige Figur sonst zu klein wird.

Brechen Sie eine Serviette in gleichmäßigen Abständen siebenmal abwechselnd vor und zurück, so daß die Serviette als Band in 4 breiten Ziehharmonikafalten vor Ihnen liegt. Legen Sie dieses Band flach vor sich hin, die offenen Kanten zeigen nach oben. Markieren Sie die Mitte des Bandes durch einen Knick. Falten Sie nun die linke Seite zu zwei Dritteln über die Mitte nach rechts. Falten Sie nun den umgeschlagenen Teil wieder zur Hälfte nach links zurück.
Brechen Sie den rechten Teil ebenso zu zwei Dritteln nach links um und den umgeschlagenen Teil wieder zur Hälfte nach rechts zurück.
Ziehen Sie nun die beiden obenliegenden Ecken der Seiten nach oben zur Mitte zusammen. Die Falten der Seiten öffnen sich dabei fächerförmig. Die fertige Figur können Sie jetzt freistehend als Dekoration arrangieren.

Zweifache Fächer

Gleich eine ganze Fächerparade präsentiert sich Ihnen hier zu diesem Thema: vom schlichten zweifachen Fächer, der sein gewisses Etwas durch versetzt liegende Stoffkanten erhält, über den zweifachen Fächer mit „Spitzen", der schon etwas raffinierter wirkt, bis zu dem aufwendigen zweifachen Fächer mit Doppelspitze.

Diese Spitzen entstehen durch Hervorziehen der tiefliegenden Innenfalten, also der Falten, deren Brüche von Ihnen wegzeigen. Eine beliebte Technik, um gefächerten Serviettenformen ein noch interessanteres Äußeres zu geben. Auch in späteren Kapiteln werden Sie diese dekorativen „Spitzen" immer wieder finden.

Verwenden Sie für die hier vorgestellten zweifachen Fächer Servietten zwischen 30 × 30 und 40 × 40 cm Größe. Bei Servietten aus Papier oder Vlies lassen sich die Falten und Spitzen besonders gut herausarbeiten.

Wie immer Sie Ihren zweifachen Fächer nun arbeiten, ob schlicht oder aufwendig, ob Sie ihn liegend auf dem Teller dekorieren, eventuell das untere Ende mit einem Band zusammenhalten, in einen Serviettenring stecken oder in ein Glas stellen: Diese Serviettenform wird immer zum Blickfang Ihrer Tafel werden.

Einfache Form

Schlagen Sie eine Serviette etwas unterhalb der Mittellinie nach oben, so daß die umgeschlagene Kante etwa 2 bis 3 cm unterhalb der Oberkante der Serviette liegt. Brechen Sie nun die Serviette von einer schmalen Seite her im Abstand von 2 cm abwechselnd vor und zurück, bis sie als Band in gleichmäßigen Ziehharmonikafalten vor Ihnen liegt. Streichen oder bügeln Sie die Falten fest aus, damit die Kanten schön scharf werden. Halten Sie die Serviette am unteren Ende zusammen und lassen Sie den oberen Teil auffächern, d. h. seitlich nach außen fallen. Helfen Sie eventuell etwas durch Ziehen nach, bis sich die Falten fächerförmig öffnen.

Spitzen

Falten Sie einen zweifachen Fächer wie beschrieben. Halten Sie den Fächer fest am unteren Ende zusammen. Ziehen Sie dann die Spitzen der tiefliegenden Falten der unteren Stoffkante nach vorne und unten, bis die Kanten dieser Falten an den Bruchlinien der vorstehenden Falten liegen. Drücken Sie die Serviette jedesmal wieder fest zusammen, nachdem Sie eine Spitze hervorgeholt haben, damit sich die kleinen diagonalen Knicke der Spitze herausbilden.

Wenn Sie den Fächer nun entfalten, hat die mittlere Kante dekorative Spitzen gebildet.

Doppelspitzen

Arbeiten Sie einen zweifachen Fächer. Ziehen Sie nun die Spitzen der mittleren Stoffkante hervor. Ziehen Sie ebenso die Spitzen der tiefliegenden Falten an der oberen Stoffkante nach vorne.

Der fertige zweifache Fächer hat jetzt interessante Doppelspitzen.

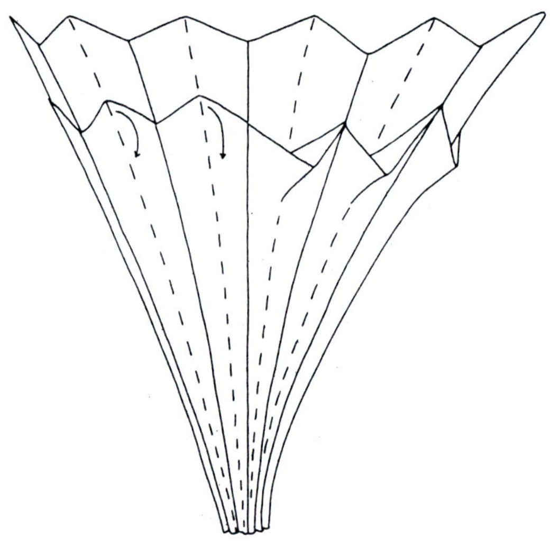

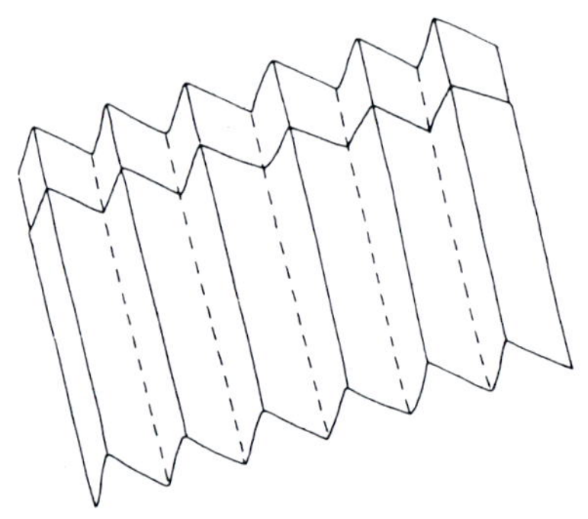

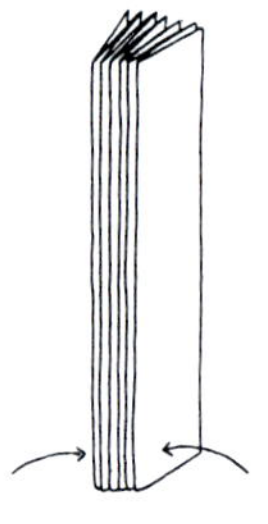

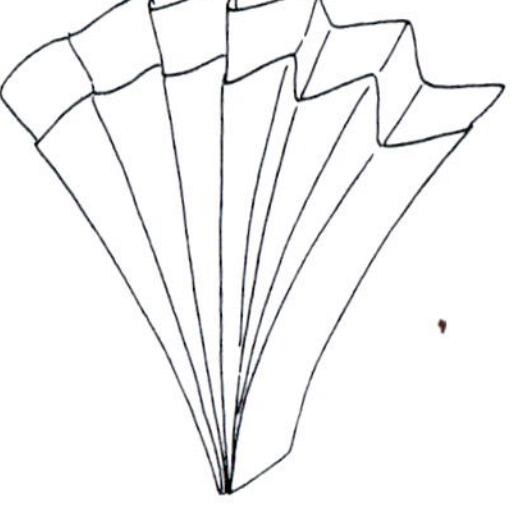

Die Rosette

Zu Tischschmuck, im wahrsten Sinne des Wortes, wird eine zur Rosette gefaltete Serviette.

Gearbeitet wird sie ähnlich den zweifachen Fächern, die Sie schon aus den vorherigen Kapiteln kennen, nur wird sie vorher schon eingeschlagen. Dadurch hat sie als fertige Figur eine geringere Höhe und größere Standfestigkeit und läßt sich so auch ohne fremde Hilfe, nur durch die umgeknickten Enden der mittleren Stoffkante gestützt, stehend dekorieren.

Die ideale Serviettengröße für die Rosettenform beträgt 33 bis 45 cm. Papier, Vlies oder selbst weicher Stoff eignen sich gleich gut für diese aparte Form.

Falten Sie das oberste Drittel einer Serviette nach unten. Das verbleibende untere Drittel schlagen Sie etwa zur Hälfte nach oben um. Falten Sie nun den unteren umgeschlagenen Teil nochmals nach oben um.

Falls Sie ein größeres Endergebnis haben möchten, können Sie die ersten beiden Umschläge auch etwas schmaler arbeiten. Nach dem letzten Schritt sollte der obere umgeschlagene Teil noch etwa zur Hälfte sichtbar sein.

Legen Sie die Serviette, wie Sie es von den Fächern bereits kennen, von links nach rechts, in etwa 6 bis 8 Ziehharmonikafalten. Halten Sie die gefächerte Serviette am unteren Ende. Die seitlichen Kanten sollten nach hinten zeigen. Lassen Sie den oberen Teil leicht auffächern. Holen Sie jetzt die Spitzen der tiefliegenden Falten des unteren Umschlages hervor, indem Sie die Spitzen fassen und vorsichtig nach vorne und unten ziehen. Nach jedem Hervorholen die jeweilige Falte wieder zusammenpressen, um die Knicke der Spitze herauszuarbeiten. Drehen Sie die Serviette jetzt auf die Rückseite. Holen Sie jetzt ebenfalls die Spitzen der tiefliegenden Falten an der Oberkante nach vorne. Wieder jedesmal dazwischen die Serviette fest zusammendrücken. Drehen Sie die Serviette wieder um. Stellen Sie sie vorsichtig auf, indem Sie die Seiten des oberen Teils etwas nach außen ziehen, bis die geknickten Ecken des Umschlages die Serviette seitlich abstützen.

Die fertige Rosette macht sich ebenso gut in einem Glas dekoriert.

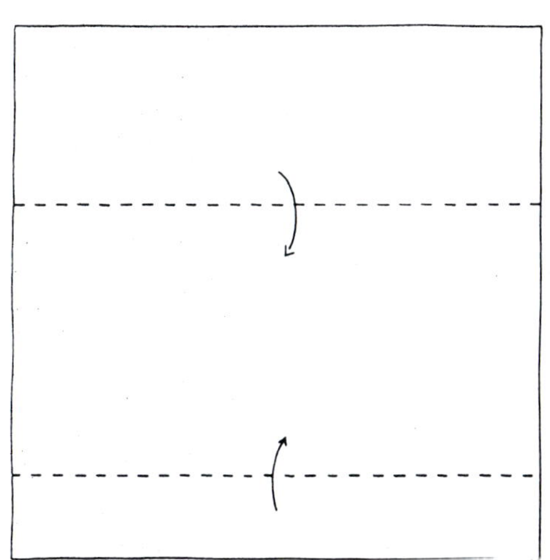

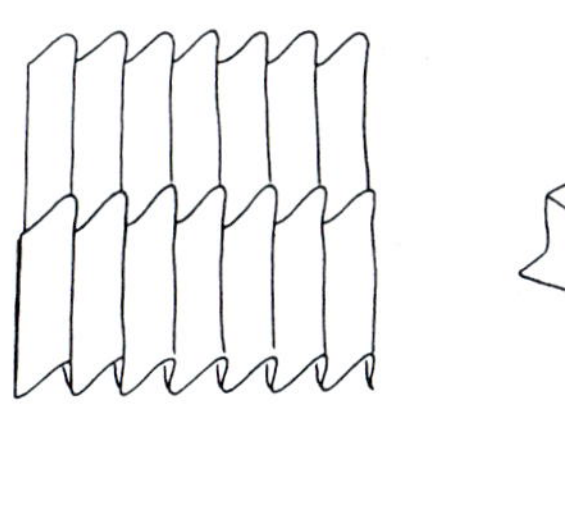

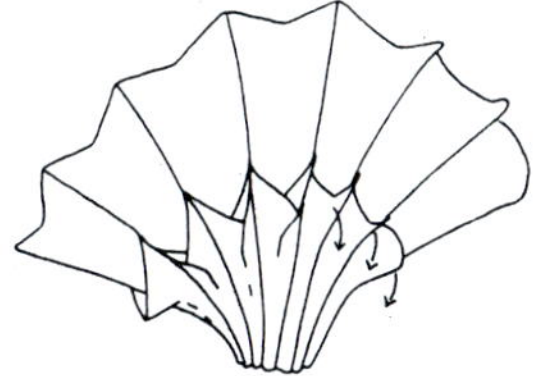

Der Kardinalshut

Der Kardinalshut, eine sehr alte und traditionsreiche Serviettenform, präsentiert sich hier gleich
zweimal: einmal ganz schlicht in der einfachen
Ausführung und einmal klassisch mit Umschlag.

Die fertige Figur bleibt trotz Falten sehr groß,
verwenden Sie daher nur Servietten bis zu einer
Größe von 40 × 40 cm.

Einfache Form

Falten Sie das obere Drittel einer Serviette nach
unten. Brechen Sie nun die oberen Ecken diagonal, vom Mittelpunkt der Oberkante aus, nach
vorne um. Falten Sie den verbleibenden unteren,
glatten Teil nach oben über das Dreieck. Falls
Ihnen die Serviette noch zu groß ist, schlagen Sie
die Unterkante einfach noch einmal nach oben
über das Dreieck. Zur Fertigstellung werden die
seitlichen Ecken nach hinten gebogen und die
Enden ineinandergesteckt.

Klassische Form

Die Serviette wird wieder erst zu einem Drittel
von oben nach unten umgeschlagen. Dann wird
der obere Rand ca. 2 cm nach hinten unter die
Serviette umgeschlagen. Die oberen Ecken werden wieder vom Mittelpunkt der Oberkante aus
diagonal nach vorne umgefaltet – der Umschlag
liegt jetzt als Doppelfalte entlang der Längsachse
auf der Vorderseite. Der untere Rand wird wieder,
je nach Wunsch, ein- oder zweimal nach oben
umgeschlagen. Die seitlichen Ecken werden jetzt
wieder nach hinten gebogen und die Enden ineinandergesteckt.

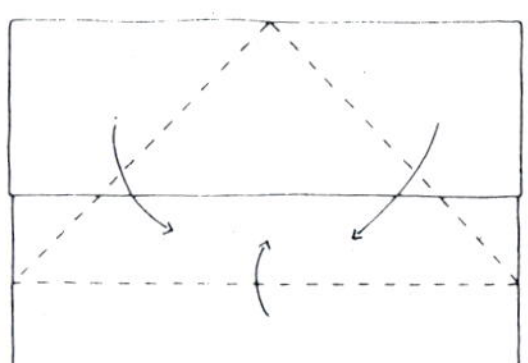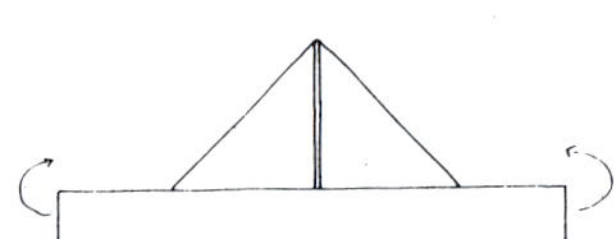

Das Rechteck

Die Rolle

Hier lernen Sie eine weitere Technik kennen:
Man muß Servietten nämlich nicht immer nur
falten oder knicken, man erhält auch hübsche
Serviettenformen durch einfaches Rollen.

Welche interessanten und dekorativen Variationen diese Rolltechnik in sich birgt, sehen Sie
auf den folgenden Fotos:

Einfache Rolle

Eine Serviette wird in der Hälfte nach oben
geschlagen, dann von einer schmalen Seite zur
anderen fest zusammengerollt.

Sollte Ihnen diese Figur zu schlicht sein, können
Sie die Rolle mit einer Schleife zusammenhalten,
eventuell zusätzlich noch mit einer Blüte oder mit
anderen Accessoires dekorieren. In große Servietten können Sie auch gleichzeitig das Besteck
einrollen.

Rolle mit Wellen

Eine Serviette wird in der Mitte nach oben gefaltet.
Die rechte Hälfte der Serviette wird nun bis zur
Mitte eingerollt. Der verbleibende Teil wird, wie in
der Zeichnung zu sehen, zu zwei „Wellen", sprich
losen Falten, zusammengeschoben und ausgeformt.

Die fertige Figur zeigt, wie Rolle und Wellen
eine aparte Kombination ergeben.

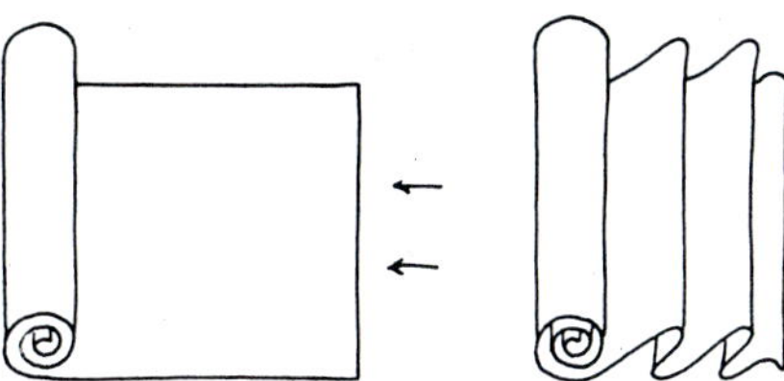

Halbe Rolle

Den gleichen Vorgang wie bei der einfachen Rolle durchführen, die Serviette aber nur bis zur Mitte einrollen. Hieraus ergibt sich die halbe Rolle.

Die verbleibende glatte Stofffläche eignet sich sehr hübsch, um darauf das Besteck zu arrangieren.

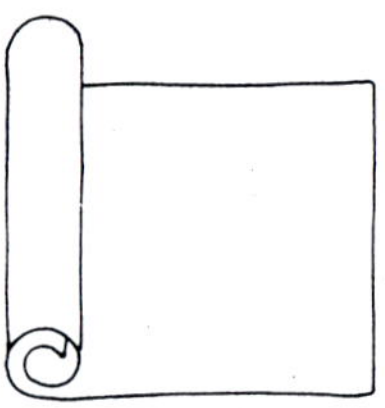

Doppelrolle

Hier wird eine Serviette wieder in der Mitte nach oben umgefaltet, aber jetzt gleichzeitig von beiden Seiten her zur Mitte zusammengerollt.

Das Ergebnis ist eine schlanke, schlichte Doppelrolle, die auch sehr gut zu modernem Geschirr paßt.

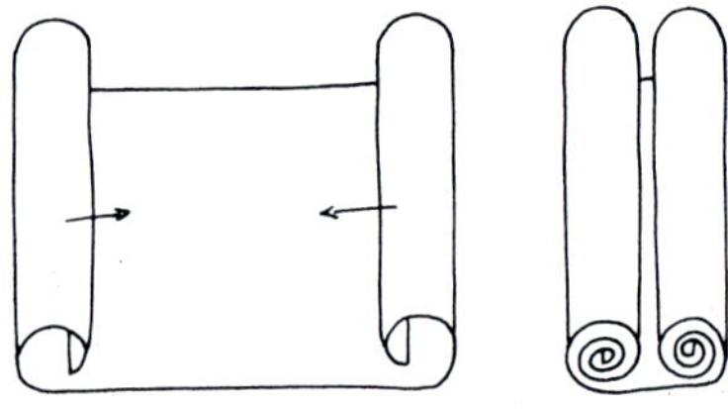

Achterrolle

Ausgangsbasis ist wieder eine in der Mitte quer gefaltete Serviette.

Die rechte Hälfte wird jetzt bis zur Mitte aufgerollt, die Serviette dann gewendet. Die verbleibende Hälfte wird jetzt ebenfalls zur Mitte hin zusammengerollt.

Die fertige Figur zeigt zwei elegant ineinander übergehende Rollen.

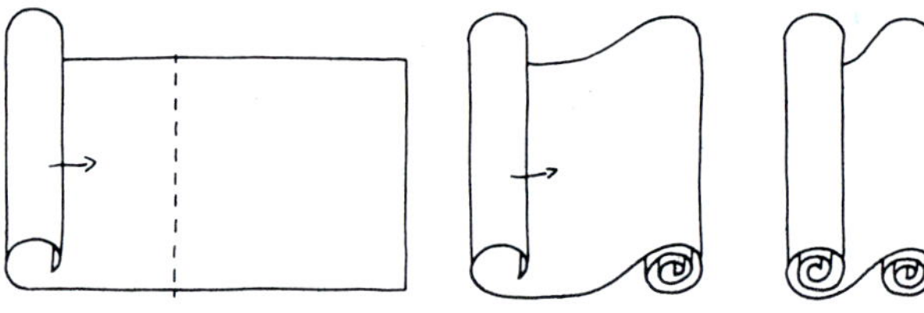

Der Pfeiler

Ganz erhaben thront diese Serviette als „Pfeiler"
auf dem Gedeck. Eine Blüte oder Schleife am
Fuße des Pfeilers bilden hier, als zusätzliches
Dekorationsaccessoire, einen hübschen Gegensatz
zur sonst eher strengen Form.

Diese Form eignet sich für Servietten jeglicher
Größe und Beschaffenheit. Besonders gelungen
wirkt sie jedoch aus mittelgroßen Vliesservietten
(ca. 40 × 40 cm) gearbeitet, da sie sich sehr
schön scharf knicken und steif aufstellen lassen.

Legen Sie eine Serviette, mit der linken Seite nach
oben, gerade vor sich. Falten Sie sie dann in der
Hälfte waagerecht nach unten. Falten Sie nun die
oberen Ecken A und B diagonal zur Mitte nach
unten, bis sie auf den Mittelpunkt der unteren
Stoffkante C treffen. Brechen Sie die beiden Seiten
des entstandenen Dreiecks jetzt jeweils in der
Hälfte zur Mitte hin um. Die ehemals seitlichen
Ecken des Dreiecks D und E bilden jetzt die untere
Spitze einer Raute. Diese überstehende untere
Spitze wird nun nach hinten umgeschlagen. Ihre
Enden dienen später als Stütze, damit der Pfeiler
auch fest und aufrecht steht.

Fassen Sie die Serviette jetzt vorsichtig an der
oberen Spitze, und stellen Sie sie vorsichtig auf.
Biegen Sie dabei die beiden Hälften der Serviette
etwas nach vorne, als ob sie die Seiten eines
gleichschenkligen Dreiecks bilden sollten. Dadurch
erhält der Pfeiler nicht nur eine interessantere
Form, sondern auch zusätzliche Standfestigkeit.

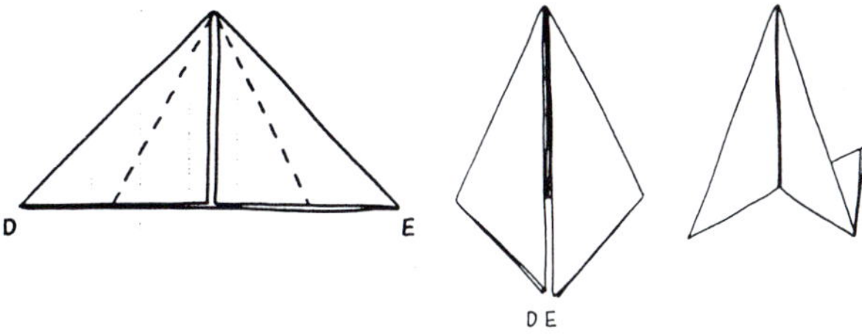

Der Tafelspitz

Das Geheimnis seines Charmes liegt in der ungewöhnlichen Kombination von glockenförmiger Basis und scharf gefalteter Spitze.

Ob klassisch, also doppelt, dreifach oder sogar vierfach gearbeitet, der Tafelspitz ist in jedem Fall eine für jede Gelegenheit passende, elegante Serviettenform, die selbst Ungeübte mit ein paar einfachen Handgriffen aus 30 × 30 bis 40 × 40 cm großen Servietten zaubern können.

Ob Sie Ihren Tafelspitz nun aus einfachen Papier-, groben Leinen-, oder edlen Damastservietten arbeiten, das Ergebnis sieht immer gleich gut aus. Gerade auch für die im Handel erhältlichen Papier- und Vliesservietten erweist sich der Tafelspitz als ideale Figur, da diese schon genau an den richtigen Stellen maschinell vorgefaltet sind. Vliesservietten haben dazu noch eine besonders gute Standfestigkeit. Wie Sie auf unserem Foto sehen, macht der Tafelspitz aber nicht nur aufrecht, sondern auch etwas flacher, liegend auf einem Teller dekoriert, eine gute Figur.

Der Klassiker

Falten Sie die obere Hälfte einer Serviette nach unten. Schlagen Sie nun die beiden oberen Ecken A und B vom Mittelpunkt der Oberkante aus diagonal nach unten, so daß sie auf die Mitte der Unterkante zu liegen kommen. Halten Sie eventuell die umgeschlagenen Ecken an dieser Stelle mit dem Daumen fest. Knicken oder streichen Sie die Seiten nicht aus, die beiden Hälften des nun entstandenen Dreiecks sollen nur locker umgeschlagen sein und eine glocken- oder tütenförmige Öffnung haben. Falten Sie die Serviette jetzt in der Mitte von links nach rechts. Legen Sie dabei die Seiten wieder nur ganz locker aufeinander. Fassen Sie die fertige Serviette jetzt vorsichtig mit einer Hand an der Spitze, und stellen Sie sie auf.

Dreifacher Tafelspitz

Falten Sie wieder eine Serviette in der Hälfte nach unten. Legen Sie jetzt nur die obere linke Ecke A locker nach unten um, zur Mitte der Unterkante. Auch hier die Außenkante des umgeschlagenen Teils rund lassen, nicht knicken oder ausstreichen.

Fassen Sie nun die obere, rechte Ecke B mit Daumen und Zeigefinger einer Hand, gehen Sie dabei mit dem Zeigefinger zwischen obere und untere Stofflage. Ziehen Sie nun Ecke B zwischen den beiden Stofflagen nach unten, bis zur Mitte der Unterkante. Auch die Kanten der beiden so entstandenen tütenförmigen Dreiecke nicht knicken oder ausstreichen. Falten Sie die Serviette jetzt noch einmal in der Mitte von rechts nach links. Stellen Sie den fertigen, dreifachen Tafelspitz jetzt auf, oder dekorieren Sie Ihn flach auf einem Teller liegend.

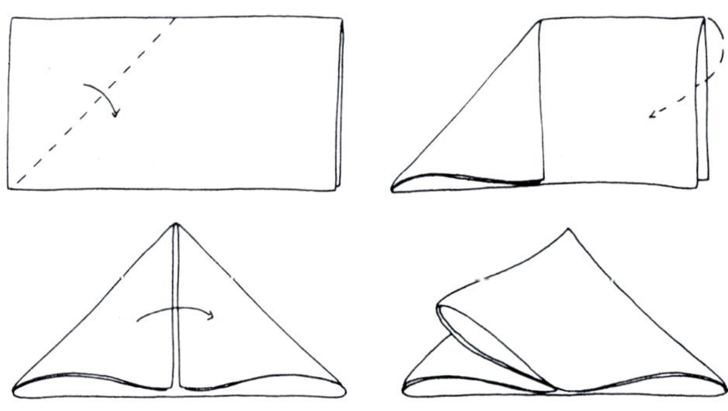

Vierfacher Tafelspitz

Beginnen Sie wieder mit einer zur Hälfte nach
unten gefalteten Serviette. Ziehen Sie nun beide
oberen Ecken A und B zwischen der oberen und
unteren Stofflage nach unten, bis zum Mittelpunkt
der Unterkante. Das ist der gleiche Arbeitsgang
wie beim dreifachen Tafelspitz, nur beidseitig ausgeführt. Falten Sie die Serviette wieder in der
Mitte von einer Seite zur anderen, und stellen Sie
den Tafelspitz auf.

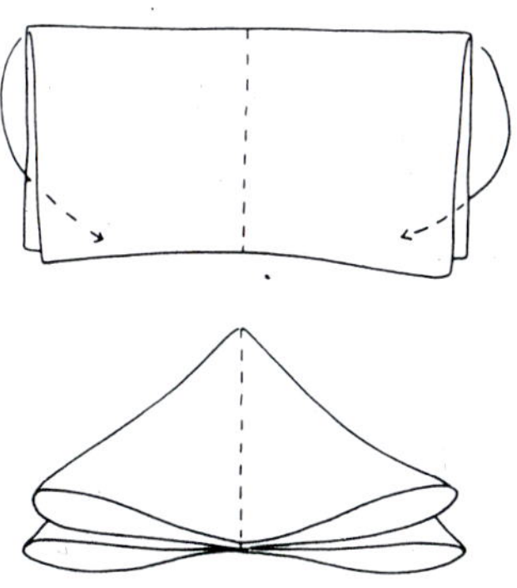

Pfauenfächer

Wie ich Ihnen schon angedeutet hatte, erweisen
sich Fächer als ein schier unerschöpfliches Thema.
Einfache und zweifache Fächer kennen Sie schon
aus früheren Kapiteln. Hier lernen Sie nun einen
noch etwas komplizierteren Vertreter dieser Sparte
kennen: Den dreifachen Fächer, auch Pfauenfächer
genannt, der auch wiederum eine ganze Palette
von Variationsmöglichkeiten bietet, wie Sie auf
unseren Fotos sehen können. Einfach gefertigt,
mit Spitzen oder Doppelspitzen, mit Dreifachspitzen oder gar mit Doppelspitzen und Zacken,
da fällt die Wahl schwer.

Damit diese hübschen Exemplare gut zur Geltung kommen, sollten Sie Vliesservietten oder gut
gestärkte Stoffservietten ab einer Größe von
40 × 40 cm verwenden. Für alle Fächer, aber
gerade für diese etwas aufwendigeren Figuren
gilt, daß sie nur mit sehr sorgfältig und gleich-
mäßig gebrochenen Falten, deren Knicke scharf
ausgeführt wurden, wirken. Ein gutes Hilfsmittel
ist das Nachbügeln der einzelnen Faltschritte und
das Pressen der Serviette nach der Fertigstellung
mit dem Bügeleisen. Selbst Vlies können Sie auf
niedriger Bügelstufe noch etwas nachbügeln.

Einfache Form

Legen Sie eine Serviette gerade vor sich hin, und
falten Sie die obere Hälfte nach hinten um. Falten
Sie nun die obere Stofflage des entstandenen
Rechtecks etwas unterhalb der Mitte nach oben,
so daß die Kante des umgeschlagenen Teils etwa
3 cm unterhalb der Serviettenoberkante liegt.
Schlagen Sie nun die untere Stofflage so weit
über die restliche Serviette nach oben, daß auch
ihre umgeschlagene Kante im Abstand von ca.
3 cm zur nächst höheren liegt. Legen Sie die
Serviette jetzt in ca. 6 bis 8 gleichmäßige Ziehharmonikafalten. Die seitlichen Kanten sollten nach
hinten zeigen. Stellen Sie die Serviette in einen
Serviettenring oder in ein Glas, und lassen Sie
den oberen Teil zum Fächer auseinanderfallen.

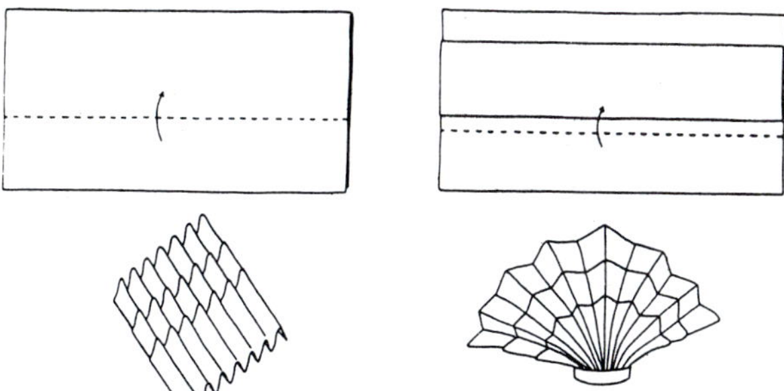

Spitzen

Falten Sie nach den oben beschriebenen Schritten einen dreifachen Fächer. Halten Sie den dreifachen Fächer fest am unteren Ende zusammen, lassen Sie den oberen Teil leicht auseinanderfallen, ziehen Sie dann nacheinander die Spitzen der tiefliegenden Falten der untersten umgeschlagenen Stoffkante nach vorne und unten, bis ihre Kanten an der Bruchlinie der vorstehenden Falten liegen. Drücken Sie jedesmal, nachdem Sie eine Spitze hervorgeholt haben, die Falten wieder fest zusammen, damit sich die Knicke der Spitzen herausbilden. Falten Sie auch die seitlichen Enden der Stofflage zu Spitzen, sie geben Ihrer Serviette Stand und Halt beim Aufstellen. Stellen Sie Ihren fertigen Fächer jetzt vorsichtig auf, arrangieren Sie ihn in einem Glas oder mit Serviettenring.

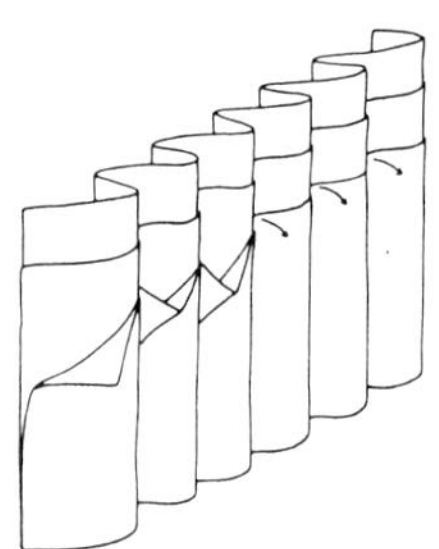

Doppelspitzen

Arbeiten Sie einen dreifachen Fächer wie zuerst beschrieben. Arbeiten Sie nun die Spitzen der untersten, umgeschlagenen Stoffkante wie beim dreifachen Fächer mit Spitzen beschrieben. Ziehen Sie nach der gleichen Technik nun auch die Spitzen der mittleren Stoffkante nach vorne.

Wenn Sie den fertigen Fächer jetzt auf- oder in ein Glas stellen und den oberen Teil auffächern lassen, haben die beiden unteren, umgeschlagenen Stoffkanten hübsche Doppelspitzen gebildet.

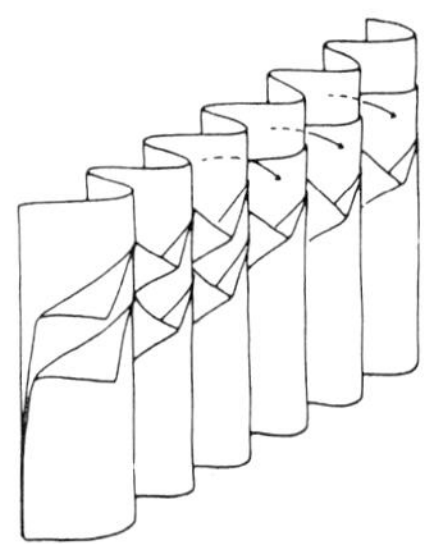

Dreifachspitzen

Arbeiten Sie einen Pfauenfächer mit Doppelspitzen. Die Spitzen der tiefliegenden Falten an der Oberkante werden nun nach der gleichen Arbeitstechnik nach vorne gezogen. So entsteht das Prachtstück mit Dreifachspitzen.

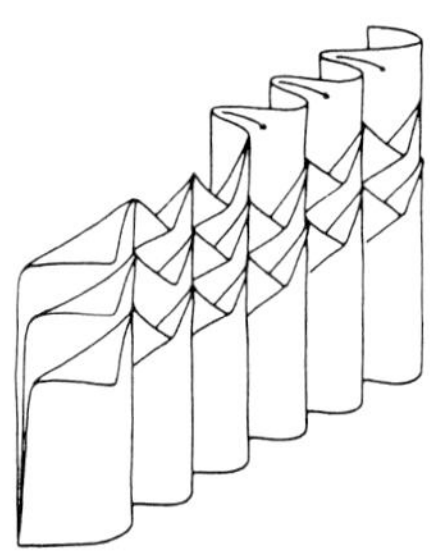

Doppelspitzen und Zacken

Falten Sie einen Pfauenfächer mit Doppelspitzen. Halten Sie den Fächer am unteren Ende fest zusammen, und wenden Sie ihn nun, so daß die Rückseite vor Ihnen liegt. Ziehen Sie nun die Spitzen der tiefliegenden Falten der Oberkante von dieser Seite aus nach vorne. Auf der Vorderseite bildet sich so ein dekorativer zackenförmiger Abschluß der Oberkante.

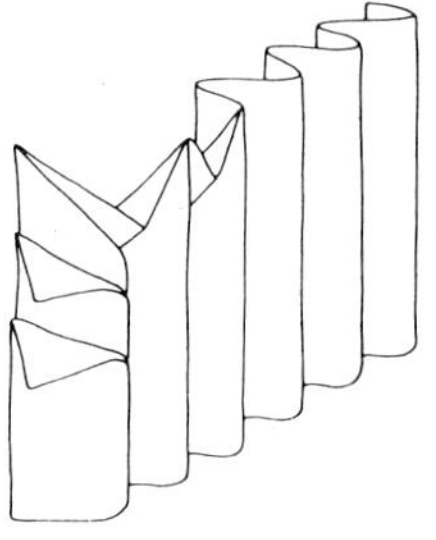

Turm zu Babylon und Krone

Diese beiden aufwendigen Prachtexemplare kennen Sie schon von den vorherigen Seiten. Es handelt sich bei ihnen im Grunde um den Pfauenfächer mit Dreifachspitzen im Falle des Turms zu Babylon, und um den Pfauenfächer mit Doppelspitzen und Zacken bei der Krone. Hier einmal nicht fächerförmig dekoriert, sondern gerade, ringförmig aufgestellt, wirken die Pfauenfächer nicht nur wie ganz neue Figuren, sie gelten auch, wie schon die Namen verraten, als eigenständige Serviettenformen.

Solche außergewöhnlichen Kreationen verlangen natürlich auch nach der ihnen gebührenden Größe, um zu wirken. Verwenden Sie daher unbedingt Servietten von einer Größe von mindestens 45 × 45 bis 50 × 50 cm.

Der Turm zu Babylon

Falten Sie einen Pfauenfächer mit Dreifachspitzen, wie in dem entsprechenden Kapitel beschrieben. Lassen Sie das untere Ende des Fächers los, stel-

len Sie die Serviette vorsichtig auf, wobei Sie die Seiten der Serviette kreisförmig nach hinten biegen und zusammenführen. Stecken Sie die Seiten auf der Rückseite eventuell mit einer Büroklammer zusammen, damit ihr Turm nicht auseinanderfällt.

Die Krone

Fertigen Sie einen Pfauenfächer mit Doppelspitzen.

Stellen Sie ihn gerade, mit kreisförmig nach hinten gebogenen Seiten auf. Das ist die Krone. Stellen Sie die Krone eher eng auf, so daß die Falten die Grundfläche zackenförmig umschließen, und drücken Sie die Zacken eventuell an der Spitze zusammen. Nach Bedarf können Sie auch die Krone auf der Rückseite mit einer Büroklammer zusammenhalten.

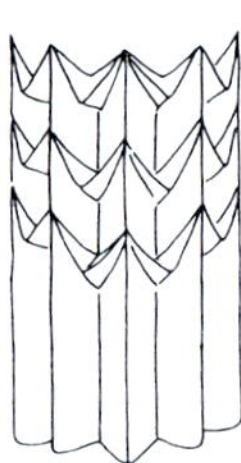 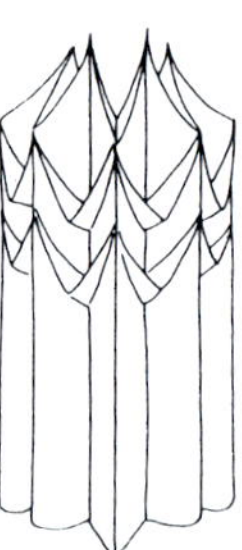

Der stehende Fächer

Den stehenden Fächer kennen Sie bestimmt, gehört er doch schon seit langem zu den beliebtesten Serviettenfaltformen der Gastronomie.

Ein dekoratives Äußeres, gepaart mit guter Standfestigkeit, darüber hinaus noch schnell und unkompliziert zu falten – kein Wunder also, daß sich der stehende Fächer auch schnell einen festen Platz auf heimischen Tafeln eroberte.

In England und Amerika ist diese aparte Serviettenform als „aufgehende Sonne" bekannt. Ein poetischer Name, der, wie ich finde, dieser hübschen Figur sehr viel eher gerecht wird und auch ihre Form treffender beschreibt.

Brechen Sie eine Serviette in der Hälfte nach unten. Legen Sie die Serviette, von einer schmalen Seite her bis knapp über die Mitte, in ziehharmonikaartige Falten, indem Sie sie in gleichmäßigen Abständen von ca. 1 bis 2 cm abwechselnd vor- und zurückbrechen. Wenden Sie nun die Serviette. Der gebrochene Teil liegt jetzt in Falten unter der rechten Außenkante. Falten Sie die untere Hälfte der Serviette nun nach oben.

Falten Sie die linke, obere Ecke des glatten Teils jetzt diagonal nach unten, wie in der Zeichnung zu sehen ist. Das schmale, über die untere Kante überstehende Ende wird nach hinten umgeklappt, so daß eine kleine Stütze entsteht. Stellen Sie die Serviette jetzt auf, und lassen Sie den gefalteten Teil zum Fächer auseinanderfallen.

Die Bischofsmütze

Hier nun eine klassische und traditionsreiche Vertreterin der Serviettenfaltkunst, die Sie zumindest dem Namen nach sicher kennen: die gute alte Bischofsmütze oder Mitra.

Aufrechte Doppelzacken und eine durch raffinierte Faltung entstandene, sehr plastische Form zeichnen diese beliebte Serviettenfigur aus.

Aus mindestens 40 × 40 cm großen Servietten gefaltet, am stilvollsten natürlich in Damast, kommt die strenge Eleganz der Bischofsmütze besonders gut zur Geltung.

Falten Sie die untere Hälfte einer Serviette nach oben. Jetzt die untere linke Ecke A diagonal zur Mitte nach oben falten, so daß sie auf den Mittelpunkt der oberen Kante B zu liegen kommt. Falten Sie nun die obere rechte Ecke C, ebenfalls diagonal zur Mitte, aber diesmal nach unten, auf den Mittelpunkt der Unterkante D. Das entstandene Parallelogramm drehen Sie jetzt um 45° nach links, bis die lange Unterkante gerade vor Ihnen liegt. Falten Sie das Parallelogramm jetzt in der Hälfte nach hinten um. Dabei bleibt die Spitze des linken Dreiecks stehen, und die Spitze des rechten Dreiecks richtet sich automatisch auf.

Die Figur sieht jetzt wie zwei übereinander geschobene Dreiecke mit Mittelfalte aus. Falten Sie das rechte Dreieck genau in der Hälfte nach vorne um, und schieben Sie dabei seine rechte spitze Ecke unter das linke Dreieck. Falten Sie nun das linke Dreieck in der Hälfte nach hinten um, und schieben Sie seine linke spitze Ecke auf der Rückseite unter das rechte Dreieck. Stellen Sie die Serviette jetzt auf, ziehen Sie dabei den unteren Rand etwas auseinander, so daß die Bischofsmütze eine ovale Grundform erhält.

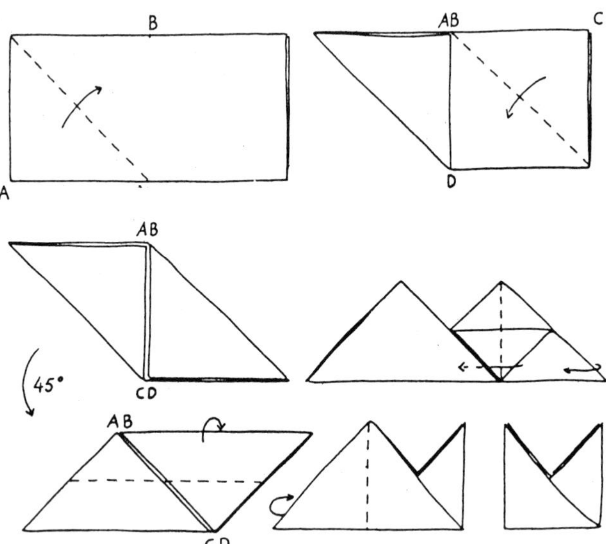

Der Osterhase

Eine originelle Osteridee, die besonders Kinder-
herzen höher schlagen lassen wird, aber auch
Erwachsene bezaubern wird; hier haben sich Ser-
vietten durch ein paar Faltkniffe in kleine, putzige
Häschen verwandelt, die sich munter auf dem
Ostertisch tummeln.

Papierservietten eignen sich eigentlich sehr gut für
diese niedliche Faltarbeit, allerdings fallen die fertigen Häschen mit den handelsüblichen Servietten
von 30 bis 35 cm Größe ziemlich klein aus. Vliesservietten sind etwas zu steif und dick für das
Übereinanderfalten so vieler Stofflagen. Richtig
schöne große Osterhasen erhalten Sie aus Stoffservietten ab einer Größe von ca. 45 cm, allerdings sollte der Stoff nicht zu dick sein.

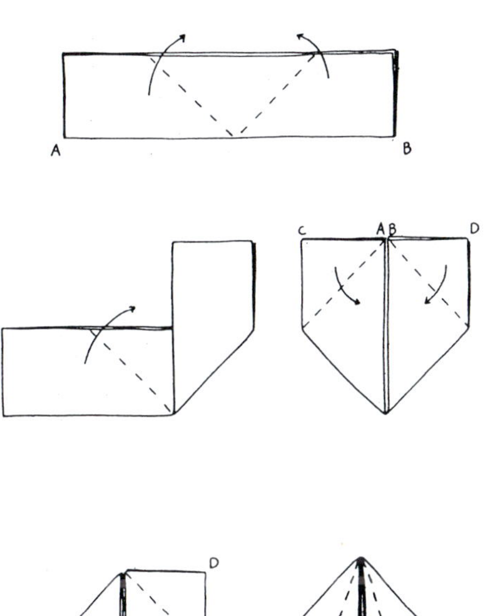

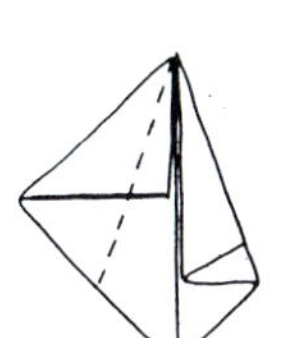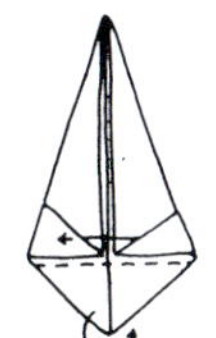

Falten Sie eine Serviette in der Hälfte nach unten,
so daß die offenen Kanten unten liegen. Falten
Sie die untere Hälfte des entstandenen Rechtecks
nun nach oben. Die offenen Kanten liegen jetzt
oben. Falten Sie nun die beiden unteren Ecken A
und B, vom Mittelpunkt der Unterkante aus, diagonal nach oben. Falten Sie jetzt wieder die
oberen Ecken der neuen Figur, diagonal vom Mittelpunkt der Oberkante aus, nach unten.

Falten Sie nun die beiden Seiten der entstandenen Raute, wie in der Zeichnung zu sehen, von
der oberen Spitze aus diagonal zur Mittellinie hin
um. Schieben Sie die Ecken der umgeschlagenen
Seiten über der Mittellinie ineinander, und falten
Sie die untere Spitze nach hinten um.

Stellen Sie das fertige Häschen jetzt auf, und
formen Sie dabei die Ohren etwas aus.

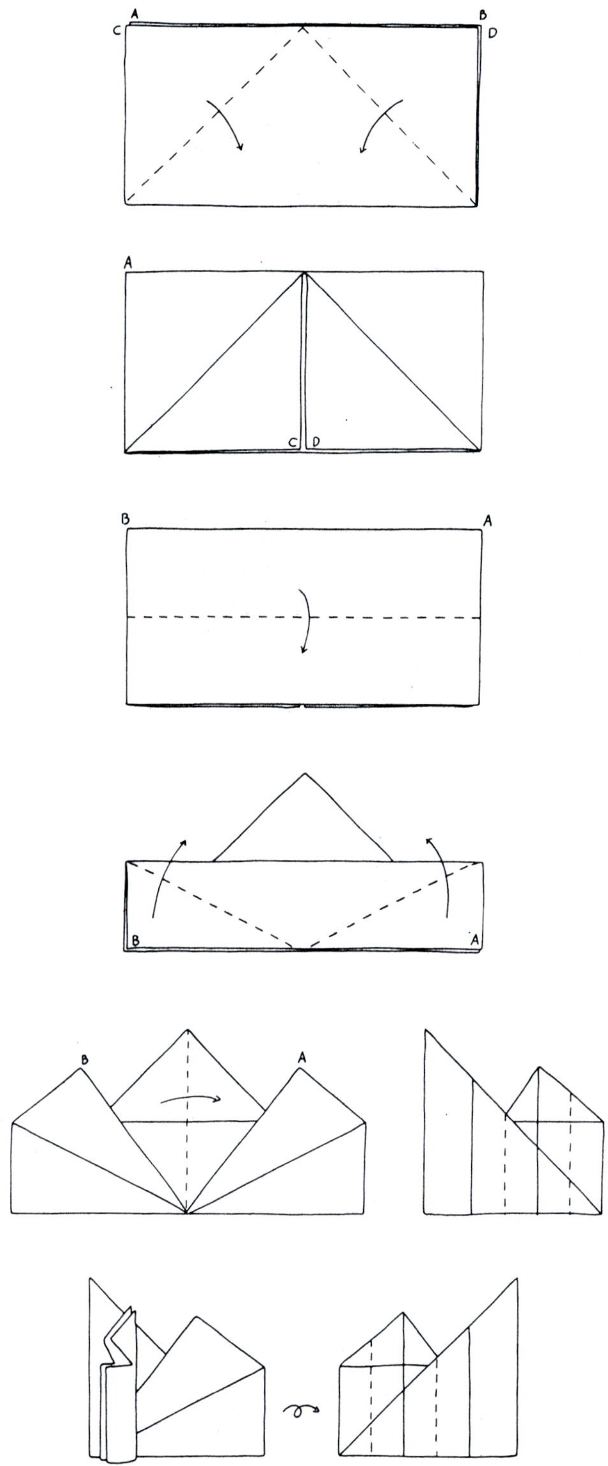

Das Ahornblatt

Eine aparte Serviettenfigur, nicht nur für das
herbstliche Dinner.
Für die dekorative Blattform des Ahorns wurde
eine raffinierte Falttechnik erreicht, die Sie in
unserer Anleitung genau beschrieben finden.

Das Ahornblatt hat leider sehr wenig Standfestigkeit und muß daher in ein Glas gestellt oder mit
einem Serviettenring zusammengehalten werden.
Eine Serviettengröße von 30 × 30 bis 40 × 40 cm
eignet sich am besten für diese Serviettenform

Legen Sie eine Serviette gerade vor sich hin, und
falten Sie diese dann in der Hälfte nach oben.
Falten Sie nun die oberen Ecken C und D der
obersten Stofflage (wichtig!) diagonal nach unten
auf den Mittelpunkt der unteren Kante M. Wenden
Sie nun die Serviette, so daß die Rückseite oben
liegt. Brechen Sie nun die jetzt oben liegende
Stofflage in der Hälfte nach unten. Falten Sie die
unteren Ecken A und B des umgeschlagenen Teils
vom Mittelpunkt der Unterkante aus diagonal
nach oben. Die Figur wird jetzt in der Mitte von
links nach rechts gebrochen.

  Die ehemals linke, jetzt obenauf liegende Seite
der Serviette wird nun, wie das Schema zeigt,
abwechselnd vor- und zurückgebrochen und so in
längs verlaufende Ziehharmonikafalten gelegt.

Die Figur wird gewendet. Die zweite, jetzt oben
liegende Seite wird nun ebenfalls, spiegelbildlich
zur ersten, in Falten gelegt. Die fertige Figur wird
mit dem unteren Ende in ein Glas gestellt oder in
einen Serviettenring gesteckt. Eventuell die Seiten
noch etwas nach außen ziehen. damit sich das
Ahornblatt schön entfaltet.

Das Dreieck

Zigarrenspitze und Wünschelrute

Die Rolltechnik mit ihren interessanten Ergebnissen haben Sie bereits kennengelernt. Die Beispiele dieser und der folgenden Seiten entstanden ebenfalls nach dieser einfachen und schnellen Arbeitstechnik, diesmal wurde jedoch diagonal gerollt.

So entstanden die schlanken Zigarrenspitzen aus einer etwa 35 × 35 cm großen Serviette gerollt und in der Mitte geknickt. Sie machen sich nicht nur hübsch in einem Glas stehend, sondern auch liegend mit einem hübschen Band zusammengehalten.

Die Wünschelrute, auch unter dem Namen Segelboot bekannt, entstand aus einer zu zwei Dritteln aufgerollten und 40 × 40 cm großen Serviette. Die ausgesparte Spitze bläht sich dann in geknickter Stellung wie ein kleines Segel.

Für beide Serviettenformen eignen sich sowohl Papier- als auch Vlies- oder dünne Stoffservietten, die nur nicht zu groß sein sollten.

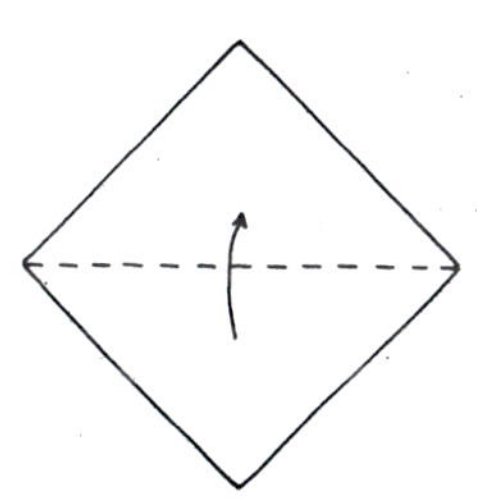
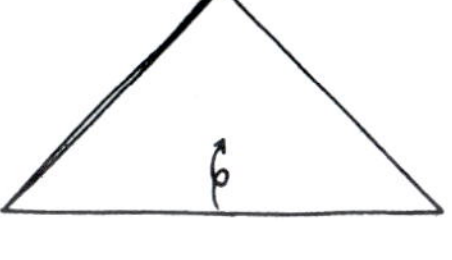
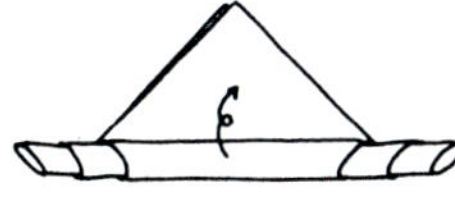
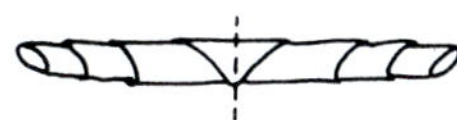
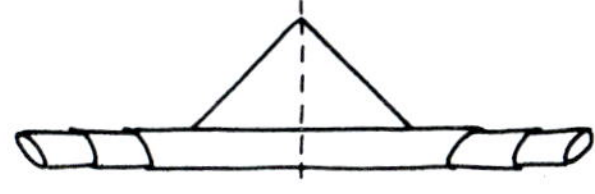

düren oder auch Spitzenkanten kommen bei der Säule als umlaufende Girlanden besonders hübsch zur Geltung.

Versuchen Sie auch einmal unsere Variante der bunten Säule, indem Sie zwei verschiedenfarbige Servietten aufeinanderlegen, falten und dann einrollen.

Falten Sie die untere Ecke einer auf der Spitze stehenden Serviette auf die obere Ecke, so daß ein Dreieck entsteht. Schlagen Sie die untere Kante, je nach Serviettengröße, etwa 2 bis 3 cm nach oben um. Wenden Sie die Serviette nun, so daß der Umschlag unter der Serviette liegt. Rollen Sie die Serviette jetzt von einer Seite zur anderen her auf. Stecken Sie den verbleibenden Zipfel zum Schluß in den Umschlag. Stellen Sie nun die fertige Säule auf.

Variation

Legen Sie zwei verschiedenfarbige Servietten, wie in der Abbildung gezeigt, etwas verschoben aufeinander. Arbeiten Sie die bunte Säule dann wie beschrieben weiter.

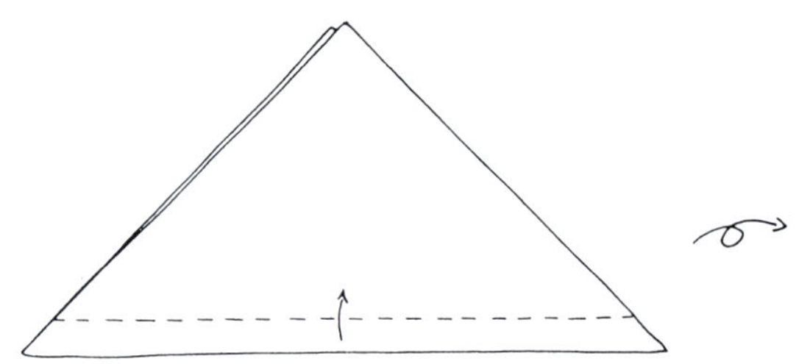

Die Säule

Ebenfalls aus einer zum Dreieck gefalteten und dann diagonal aufgerollten Serviette entstand diese schlanke und elegante Serviettenfigur – die Säule.

Durch einen kleinen Umschlag erhält die Säule ihre gute Standfestigkeit, ein Umstand, dem sie wohl auch ihren Namen verdankt. Egal, welche Serviettengröße Sie wählen (zwischen 30 und 40 cm) oder für welches Material Sie sich auch entscheiden, ob Papier, Vlies, feinen oder dicken Stoff, diese Serviettenfigur gelingt immer. Bor-

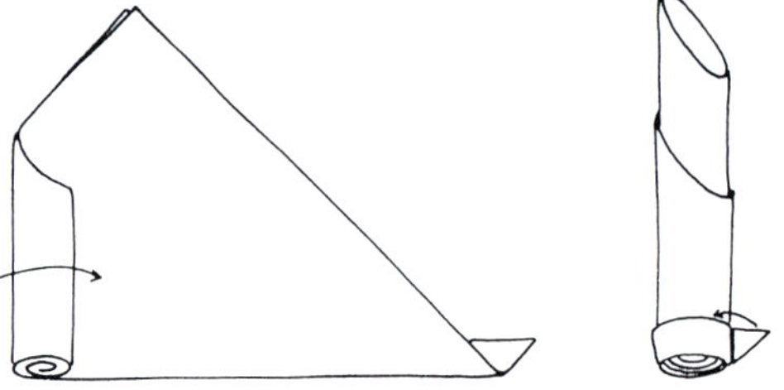

Das Palmblatt

Die Kontur dieser Serviette mit ihren scharfkanti-
gen Spitzen erinnert in der Tat an die Form eine
Palmblattes.

Für diese Serviettenfigur, die am schönsten aus
Papier oder Vlies gefaltet wirkt, reicht eine Größe
von etwa 35 × 35 cm vollkommen aus. Leider
steht das Palmblatt nicht von ganz alleine. Stellen
Sie es daher in ein Glas oder einen Serviettenring,
oder halten Sie das untere Ende stilgerecht mit
einem Bast- oder Sisalfaden zusammen und dekorieren Sie die Serviette liegend.

Falten Sie eine auf einer Spitze stehende Serviette
in der Hälfte nach oben, so daß ein Dreieck entsteht. Falten Sie dann die seitlichen Flügel, wie in
der Zeichnung gezeigt, schräg nach oben. Die
Bruchlinien sollten von etwas unterhalb des Mittel-
punktes der Seitenkanten aus nach unten, bis fast
zum Mittelpunkt der Unterkante verlaufen. Die
Figur sollte nach diesen Arbeitsschritten aussehen
wie in nebenstehender Abbildung gezeigt. Schlagen Sie die Unterkante jetzt ca. 3 cm nach oben
um. Das Palmblatt hat nun eine stumpfe Unterkante.

Legen Sie die Serviette in, von der Unterkante
zu den Spitzen, leicht schräg verlaufende Ziehharmonikafalten, indem Sie die Serviette abwechselnd vor und zurück brechen.

Stellen Sie die fertige Figur mit dem unteren
Ende in ein Glas oder einen Serviettenring. Ziehen
Sie die Seiten eventuell etwas nach außen, damit
sich das Blatt entfaltet.

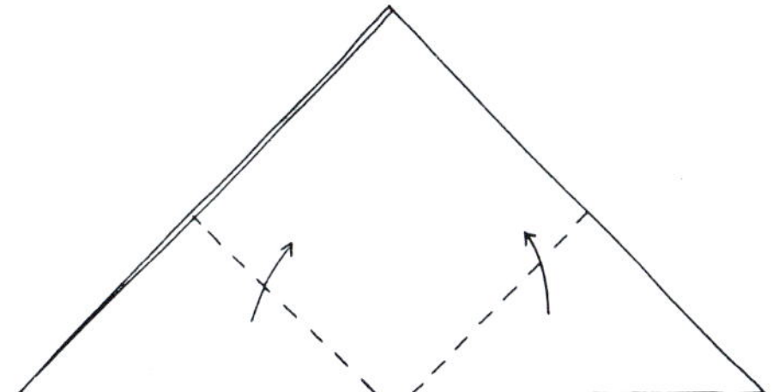

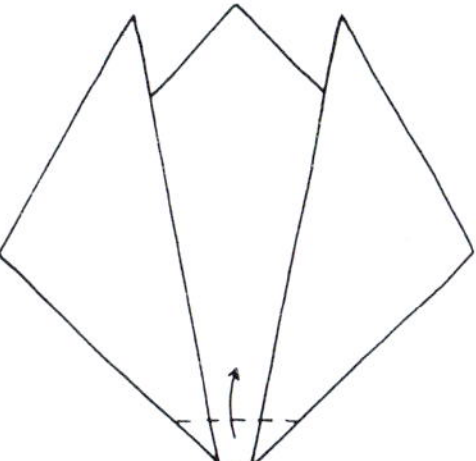

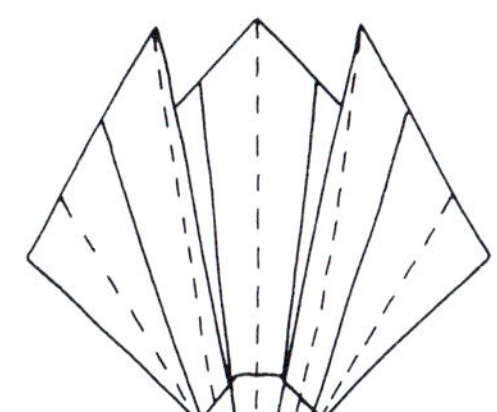

Brechen Sie die untere Hälfte dieses Quadrates nach hinten um, so daß wieder ein Dreieck entsteht.

Biegen Sie die Seiten des Dreiecks nach hinten um, und stecken Sie die Enden ineinander. Bei der fertigen Turmspitze sehen Sie nun, wie sich die seitlichen Flügel leicht öffnen.

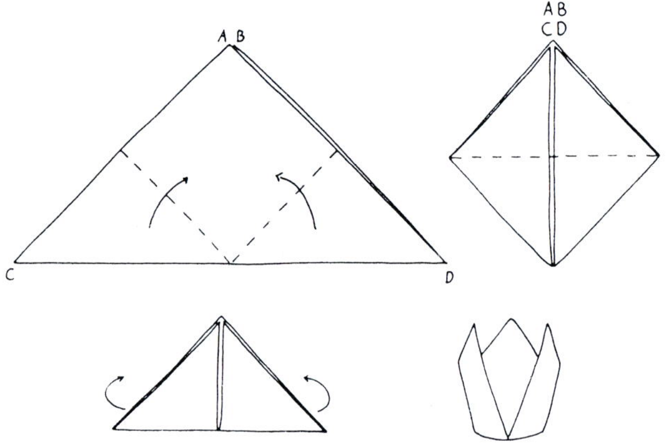

Turmspitze, Flügeltor und Torbogen

Drei bestechend schlichte Serviettenfiguren, die zu den Klassikern der Serviettenfaltkunst zählen – alle drei aus der Grundform des Dreiecks gebrochen: die Turmspitze, die Servietten mit Bordüren oder farblich abgesetzten Kanten besonders gut zur Geltung kommen läßt, ihre Variante, das Flügeltor, und der Torbogen, der auch flach auf einem Teller arrangiert eine elegante Figur macht.

Nach Möglichkeit sollten Sie die hier vorgestellten Serviettenfiguren aus 40 × 40 cm großen Servietten brechen. Falls Sie nur ein kleineres Serviettenformat zur Hand haben, stellen Sie die fertigen Servietten einfach in ein Weinglas. Auch diese Lösung wirkt sehr dekorativ.

Turmspitze

Drehen Sie eine ausgebreitete Serviette so, daß eine Spitze nach unten zeigt. Falten Sie die Serviette in der Hälfte nach oben, so daß die untere Spitze A auf die obere Spitze B zu liegen kommt. Falten Sie nun die seitlichen Ecken C und D auf die obere Spitze des entstandenen Dreiecks. Es entsteht nun ein auf der Spitze stehendes Quadrat.

Flügeltor

Falten Sie nach oben beschriebenen Schritten eine Turmspitze.

Öffnen Sie die seitlichen Spitzen etwas mit den Fingern, damit sich die Stofflagen leicht bauschen und zu hübschen Flügeln ausformen. Falten Sie die oberste Stofflage des mittleren Dreiecks etwas nach unten. So entsteht das Flügeltor.

Torbogen

Die Grundschritte sind mit denen der Turmspitze identisch. Falten Sie wieder eine auf der Spitze stehende Serviette in der Hälfte nach oben zum Dreieck. Falten Sie die seitlichen Ecken C und D auf die Spitze des Dreiecks. Das ist der Unterschied: Für den Torbogen wird nun die obere Hälfte, also die mit den offenen Seiten, nach hinten umgebrochen. Drehen Sie nun die Serviette um 180 Grad, so daß die Spitze des Dreiecks wieder nach oben zeigt. Die Seiten werden wieder nach hinten umgebogen und die Enden ineinander gesteckt.

Banane, Maiskolben und englische Lilie

Hier noch einmal drei enge Verwandte: die englische Lilie mit ihren grazil eingeschlagenen Blütenblättern, der Maiskolben, dessen Fruchtstand aus
der Blatthülle förmlich zu platzen scheint, und die
Banane, die aus ihrer Schale herausragt.

Alle diese Serviettenformen sind aus einer Grundform gebrochen. Ihre sehr bildlichen Namen
tragen den kleinen, aber charakteristischen Unter-
schieden Rechnung, die sie zu eigenständigen
Serviettenfiguren werden lassen.

Alle drei Exemplare zeichnen sich durch eine sehr ansprechende, grazile Form aus, daher wahrscheinlich auch ihre Beliebtheit und ihr hoher Bekanntheitsgrad.

Die Beispiele auf unserem Foto wurden aus ca. 40 × 40 cm großen Servietten gefaltet. Sie können die Servietten aber auch schon aus etwa 30 × 30 cm großen Servietten arbeiten. Wenden Sie dann einfach einen kleinen Trick an, und schlagen Sie die untere Hälfte eben nicht ganz bis zur Spitze der Serviette nach oben um. Durch diese kleine Veränderung wird die fertige Figur etwas größer.

Natürlich können Sie auch die Lilie, den Maiskolben oder die Banane in ein Weinglas gesteckt dekorieren, um sie noch mehr hervorzuheben.

Die Banane

Falten Sie eine auf der Spitze stehende Serviette in der Hälfte nach oben, so daß ihre untere Spitze A auf die obere (B) zu liegen kommt. Falten Sie nun die seitlichen Ecken C und D diagonal nach oben auf die Spitze. Die neue Figur sieht jetzt wieder wie ein auf einer Spitze stehendes Quadrat aus. Falten Sie dieses Quadrat jetzt in der Hälfte nach oben, so daß seine untere Spitze E auf die obere Spitze zu liegen kommt. Falten Sie nun die Ecke E des obersten Dreiecks zur Unterkante zurück. Biegen Sie die Seiten nach hinten, stecken Sie die Enden ineinander, und stellen Sie die Serviette auf. Ziehen Sie die offenen Spitzen C und D nach unten und außen, eben wie die Schalen einer Banane.

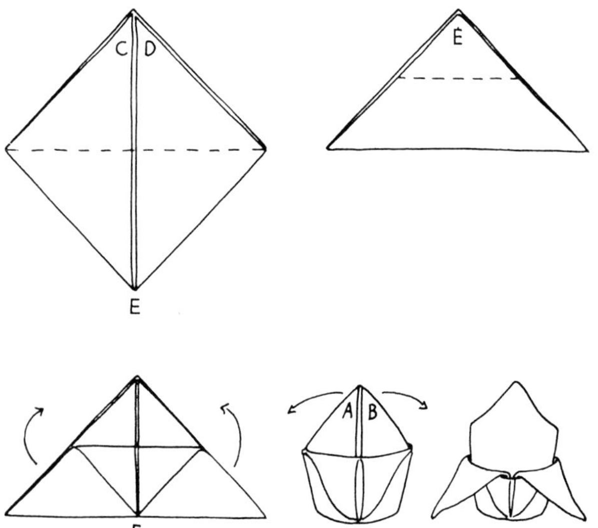

Variante für kleinere Servietten

Falten Sie die untere Hälfte nur zu etwa zwei Dritteln nach oben, die umgeschlagene Spitze dann wieder bis zur Unterkante der Serviette zurück. Je nach Figur dann weiterarbeiten, wie oben beschrieben.

Maiskolben

Falten Sie eine Banane nach den oben beschriebenen Schritten. Falten Sie die oberste Stofflage der Spitze nach unten. So erhalten Sie den Maiskolben.

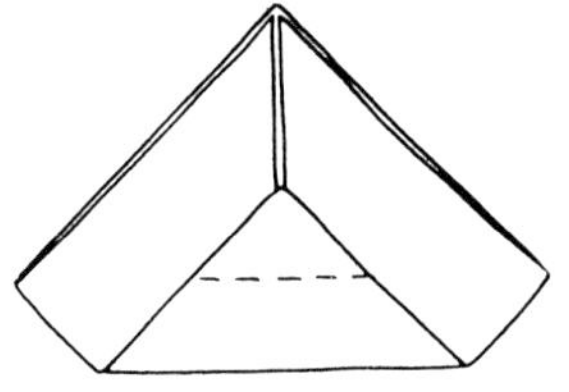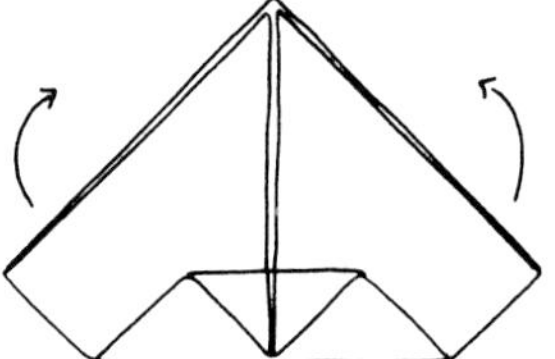

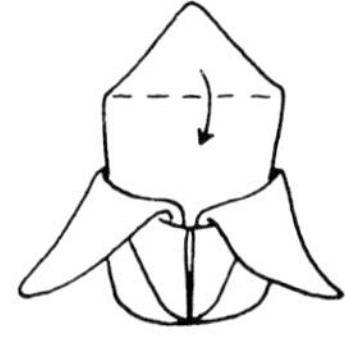

Englische Lilie

Falten Sie die Serviette wie bei der Banane beschrieben. Ziehen Sie wieder die beiden seitlichen Flügel nach außen und unten, rollen Sie sie dabei etwas über den Zeigefinger ein, und stecken Sie die Enden in den Umschlag. Die englische Lilie ist fertig.

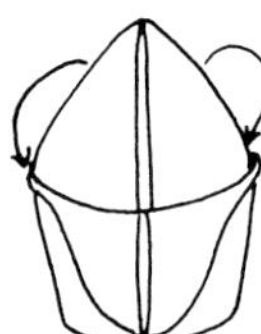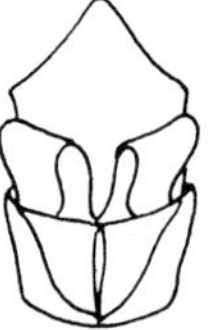

Königsschleppe und französische Lilie

Die Königsschleppe und ihre Variation, die französische Lilie – zwei elegante Klassiker als ideale Besetzung für die festliche Tafel.

Beide Serviettenfiguren entstehen aus derselben Grundform. Ob Sie die Flügel dann zur Schleppe nach unten biegen oder als Blütenblätter einschlagen, bleibt ganz Ihrem Geschmack überlassen. Jede der beiden Figuren hat ihren eigenen Reiz, und das elegante Ergebnis rechtfertigt die etwas aufwendige Faltung allemal.

Auf jeden Fall sollten Sie für solch klassische Serviettenformen auch nach Möglichkeit klassische Stoffservietten in der Größe von 40 × 40 bis 50 × 50 cm verwenden. Aus kleineren Papierservietten gefaltet, sehen Königsschleppe und Lilie auch hübsch aus, wenn Sie sie in ein Glas stellen.

Königsschleppe

Legen Sie eine Serviette so vor sich, daß sie auf der Spitze steht. Falten Sie nun die obere Hälfte nach unten, so daß ein Dreieck entsteht, dessen Spitze nach unten zeigt. Falten Sie die seitlichen Ecken B und C auf die Spitze A, indem Sie die beiden Seiten diagonal, vom Mittelpunkt der Oberkante aus, nach unten zur Mitte hin brechen. Falten Sie die Ecken B und C der umgeschlagenen Seiten jetzt auf die obere Spitze D des so entstandenen Quadrates. Die untere Spitze A des Quadrates falten Sie nun zur Mitte der Serviette um. Schlagen Sie die Unterkante jetzt nochmals zur Mittellinie hin um. Brechen Sie die neue Unterkante jetzt in der Mittellinie und falten Sie sie auf das obere Dreieck. Biegen Sie nun die Seiten des Dreiecks nach hinten und stecken Sie die Enden ineinander. Fassen Sie nun die oberen schmalen Spitzen und ziehen Sie diese vorsichtig nach außen und unten.

Französische Lilie

Arbeiten Sie die Grundform der Lilie wie in den bei der Königsschleppe beschriebenen Schritten. Für die Lilienform werden jetzt ebenfalls die oberen Spitzen erst nach außen und unten gezogen, dabei leicht über den Fingern gebogen und gerollt, und dann mit den Enden in den unteren Umschlag gesteckt.

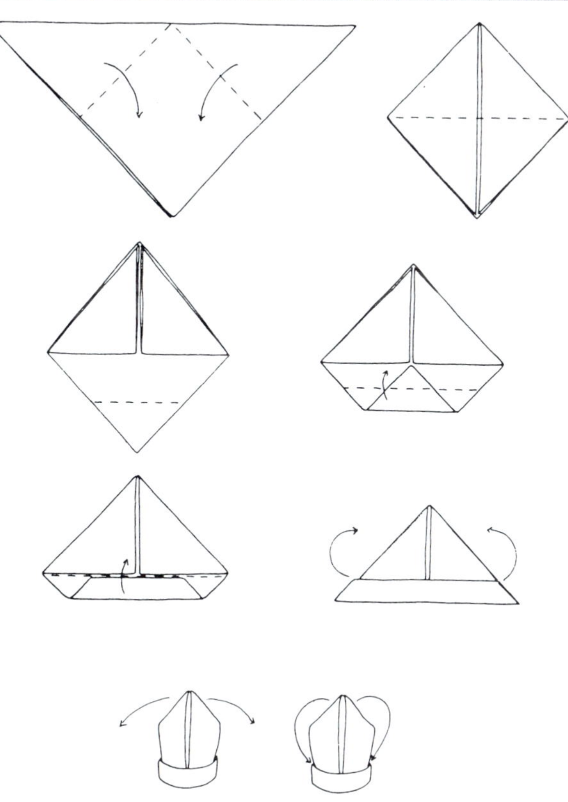

oben über den gefalteten Teil. Die Spitze des glatten Teils sollte nicht ganz bis zur oberen Spitze reichen. Brechen Sie nun die untere Kante am Rand des gefalteten Dreiecks nach oben, so daß ein Umschlag den unteren Rand bildet. Biegen Sie die seitlichen Ecken der Serviette nach hinten, und stecken Sie die Enden ineinander.

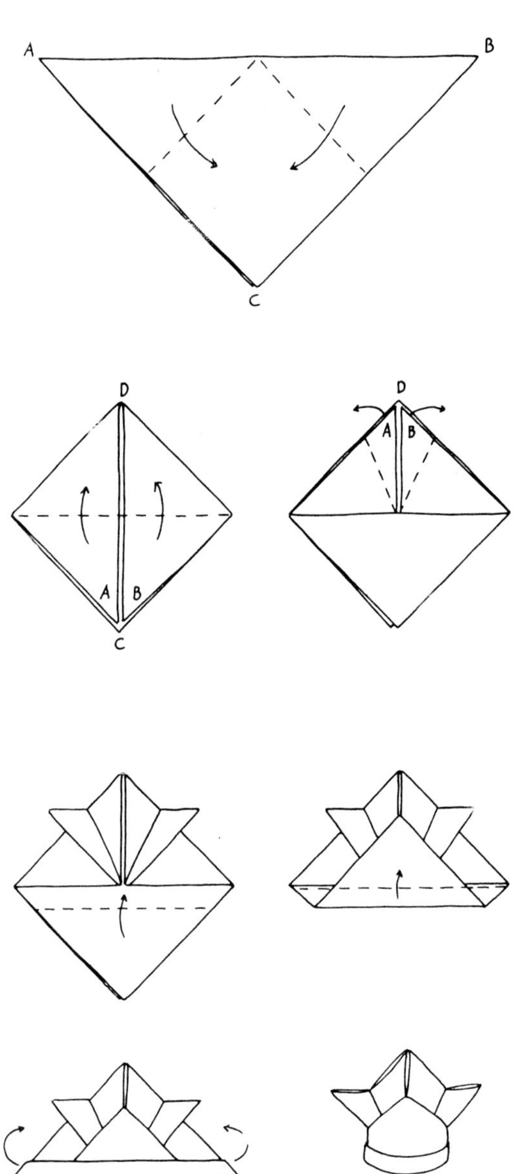

Der Wikingerhelm

– ein außergewöhnlicher Dekorationsvorschlag, der Ihre Gäste bestimmt begeistern wird.
Mit ihren angriffslustig in die Höhe gereckten „Hörnern" erinnert diese Serviettenfigur tatsächlich an die Helmform der alten Wikinger.

Eine Seitenlänge von ca. 40 cm sollte Ihre Serviette für diese etwas aufwendige Faltform schon aufweisen. Die Wahl des Materials spielt keine Rolle. Der Wikingerhelm läßt sich sowohl aus Papier oder Vlies als auch aus Stoff sehr gut arbeiten.

Falten Sie eine auf der Spitze stehende Serviette in der Hälfte nach unten zum Dreieck. Falten Sie dann die seitlichen Ecken A und B auf die untere Spitze des Dreiecks, indem Sie die Seiten vom Mittelpunkt der Oberkante aus nach unten brechen, so daß ein Quadrat entsteht. Die umgeschlagenen Flügel werden jetzt in der Mitte nach oben gebrochen, so daß die Ecken A und B auf die obere Spitze D des Quadrates zu liegen kommen. Falten Sie nun die Spitzen A und B nach außen um. Die Kanten der umgefalteten „Hörner" sollten knapp an den Mittelpunkt der Seitenlinien stoßen. Falten Sie nun die untere, glatte Hälfte der Serviette zu etwas mehr als zwei Dritteln nach

Schwinge, Palmwedel und Jacobsmuschel

Wie wäre es mit einer zum Palmwedel gefalteten
Serviette als stilgerechte Dekoration für Ihre indo-
nesische Reistafel, mit einer Serviette in Form der
Jacobsmuschel in Verheißung maritimer Genüsse
oder einer zur Schwinge gebrochenen Serviette,
passend für ein zartes Geflügelgericht?

So werden Servietten zu Schmuckelementen, die
sich in Ihre Tischdekoration einpassen, stilgerecht
das Menü ankündigen oder das Thema Ihrer Ein-
ladung unterstreichen.

Schon 30 × 30 cm große Servietten erzielen, zu
diesen Figuren gefaltet, eine beachtliche Wirkung.
Größere Formate als 40 × 40 cm sollten Sie
jedoch nicht verwenden, da die Formen sonst zu
groß werden und zu wenig Halt haben.

Alle drei Figuren entstehen aus derselben Grundform:
Drehen Sie eine Serviette so, daß eine Spitze
nach unten zeigt. Falten Sie nun die Serviette zum
Dreieck, indem Sie die obere Hälfte auf die untere
falten. Das so entstandene Dreieck wird jetzt ziehharmonikaartig von der Grundlinie zur Spitze hin,
immer in gleichen Abständen, insgesamt etwa 6-
bis 8mal, abwechselnd vor- und zurückgefaltet, bis
es als schmales, in Falten gelegtes Band vor Ihnen
liegt. Drehen Sie die Serviette so, daß die Spitze
A unter dem Band liegt.

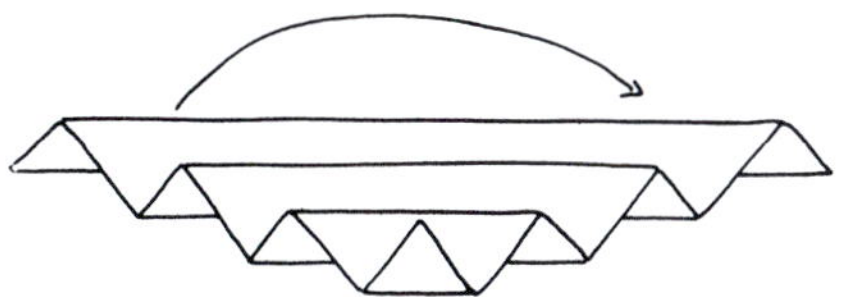

Die Schwinge

Um die Schwinge zu falten, legen Sie jetzt einen Finger auf die Mitte des gefalteten Bandes und ziehen das linke Ende über die Mitte, ganz auf die andere Seite. Zum besseren Halt wird gerne der untere Teil der Schwinge unter den Teller gelegt und die Schwinge dann über den Teller gebreitet.

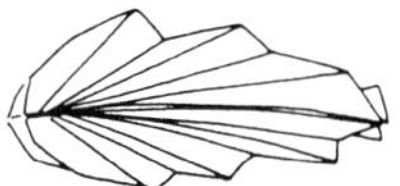

Der Palmwedel

Legen Sie den Zeigefinger auf die Mitte des Bandes, und ziehen Sie dann die seitlichen Enden des Bandes nach oben zur Mitte zusammen. Der Palmwedel steht nur ohne Hilfe, wenn Sie eine wirklich gut gestärkte Stoff- oder eine steife Vliesserviette verwenden. Stecken Sie die beiden Seiten des Palmwedels auf der Rückseite mit einer Büroklammer zusammen, das gibt zusätzlichen Halt und verhindert das Auseinanderfallen der beiden Seiten.

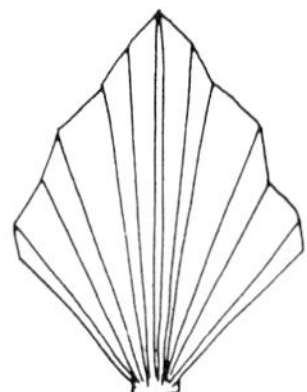

Die Jacobsmuschel

Für die Jacobsmuschel wird die Spitze A etwas eingeschlagen und eckig ausgeformt. Die Seiten werden dann nach vorne zur Mitte zusammen gezogen.

Diese Figur wird meist liegend auf dem Teller arrangiert.

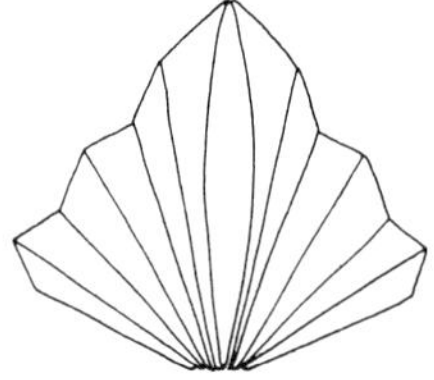

Die Fleur de Lys

Die Fleurs de Lys, aus 33 × 33 cm großen Papierservietten gefaltet, werden garantiert zum Blickfang Ihrer Tafel.

Die Klassische

Drehen Sie eine ausgebreitete Serviette so, daß eine Spitze nach unten zeigt. Falten Sie nun die untere Spitze A auf die obere Spitze B, indem Sie die Serviette in der Hälfte nach oben brechen. Falten Sie etwa das untere Drittel des entstandenen Dreiecks nach oben. Die Spitze des Dreiecks sollte noch gut unter der umgeschlagenen Kante sichtbar sein. Legen Sie die entstandene Form jetzt in ziehharmonikaartige, etwa 2 cm schmale Falten, indem Sie die Serviette von einem Ende zum anderen abwechselnd in gleichmäßigen Abständen vor- und zurückbrechen.

Halten Sie das untere Ende der gefächerten Serviette zusammen, und stecken Sie es in ein schmales Glas. Ziehen Sie die seitlichen Spitzen etwas nach außen, damit sich Ihre Fleur de Lys besser entfaltet.

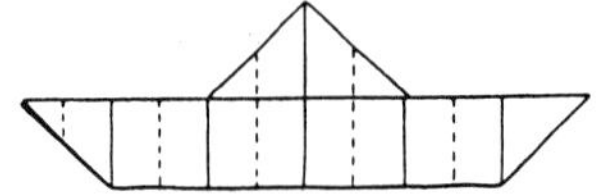

Die Exotin

Falten Sie eine auf der Spitze stehende Serviette wieder zum Dreieck. Brechen Sie das Dreieck etwas unterhalb der Hälfte nach oben, soweit, daß die Spitze noch etwas unter der Kante hervorschaut. Falten Sie den umgeschlagenen Teil jetzt wieder zu etwa einem Drittel nach unten zurück. Legen Sie auch diese Figur wieder in schmale Ziehharmonikafalten, indem Sie die Serviette von einer Seite zur anderen in gleichmäßigen Abständen abwechselnd vor- und zurückbrechen. Stellen Sie die Fleur de Lys mit dem unteren Ende in ein schmales Glas, und ziehen Sie die seitlichen Spitzen weit nach unten.

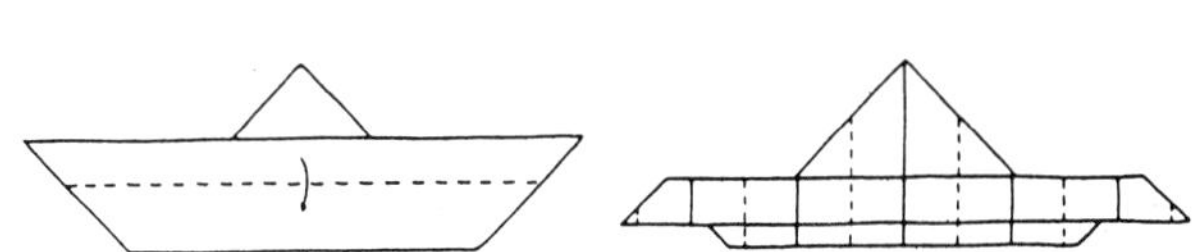

Das Kopftuch der Holländerin

Bei dieser originellen Serviettenfigur handelt es sich um eine sehr alte, überlieferte Serviettenform, die in der Tat an die Hauben der niederländischen Meisjes erinnert.

Am besten eignet sich für diese Figur eine Serviettengröße von etwa 40 × 40 cm.

Legen Sie eine Serviette so vor sich, daß eine Spitze nach unten zeigt. Falten Sie nun die untere Hälfte über die Mitte nach oben. Falten Sie das entstandene Dreieck nun in der Hälfte nach unten, so daß seine Spitze auf dem Mittelpunkt der Unterkante zu liegen kommt. Brechen Sie die seitlichen Spitzen diagonal über die Kanten des mittleren Dreiecks nach oben. Wenden Sie die Serviette, so daß die unteren Spitzen unter dem Dreieck hervorschauen. Falten Sie diese Spitzen jetzt über die Unterkante des Dreiecks nach oben. Die seitlichen Spitzen werden jetzt nach hinten eingeschlagen und die Enden ineinandergesteckt. Öffnen Sie die seitlichen Dreiecke etwas mit den Fingern, damit sie wie Flügel abstehen. Fertig ist das Kopftuch der Holländerin.

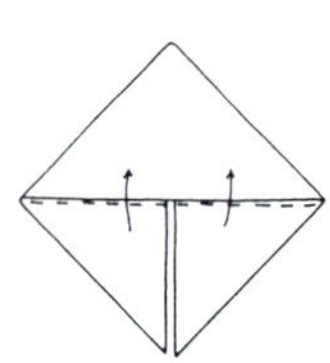 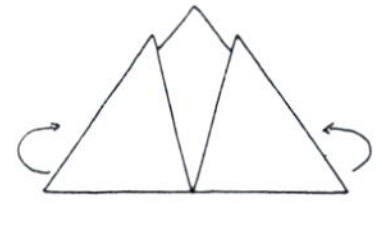 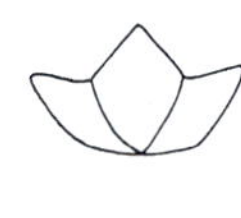

Die Tüte

Einfache Tüten

Alle Serviettenformen, die Sie in den folgenden Kapiteln kennenlernen werden, entstanden aus der gleichen Grundform: einer zweimal in der Hälfte zu einem Viertel gefalteten Serviette.

Dies ist nicht nur ohnehin die gebräuchlichste Bügelform, Papier- und Vliesservietten werden auch auf diese Weise maschinell vorgefaltet.

Eine Serviette aber nun einfach so neben oder auf den Teller zu legen, ist nicht nur einfallslos, sondern wirkt auch äußerst lieblos.

Sehen Sie hier, wie Sie eine Serviette in dieser Grundform einfach und schnell, mit nur zwei Knicken, in eine „Eistüte", eine „Wundertüte", einen „Schild" oder ein „Sechseck" verwandeln können. Sie müssen zugeben, die Wirkung ist verblüffend und das Ergebnis ohne Frage sehr viel dekorativer. Für Servietten mit gestickten Spitzen erweisen sich die Eis- oder die Wundertüte als geradezu ideale Serviettenformen, die den gestickten Einsatz hübsch zur Geltung bringen.

Sie werden bestimmt die eine oder andere der hier beschriebenen Formen in späteren Kapiteln wiederfinden, denn zur Eistüte oder zum Schild kann man natürlich nicht nur glatte, sondern auch Servietten mit Falten und Umschlägen brechen und so viele Serviettenfiguren durch neue Konturen immer wieder variieren.

Sie werden an dieser Stelle bemerken, daß wir hier das zu einem Dreieck gefaltete Serviettenviertel oder die auf zwei Seiten zu einem schmalen Rechteck eingeschlagene Form vergessen haben. Natürlich gehören auch diese beiden Möglichkeiten zu beliebten Faltvariationen, die Sie auch in späteren Kapiteln vorgestellt finden werden; sie gelten aber nicht als selbständige Serviettenfiguren mit eigenem Namen.

Wir falten zunächst die Grundform: Eine Serviette wird in der Hälfte nach oben und dann wieder in der Hälfte von links nach rechts zum Viertel gebrochen. Die offenen Seiten liegen oben und rechts.

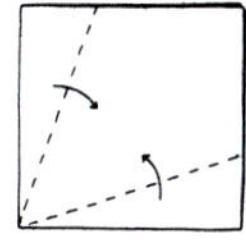

Die Eistüte

Die linke und die untere Kante werden zur Mitte umgeschlagen, bis sie auf der Diagonalen zusammenstoßen. Die untere linke Ecke bildet eine Spitze. Die Serviette wenden.

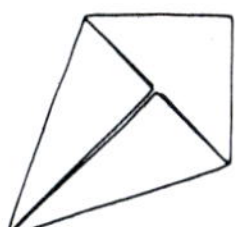

Die Wundertüte

Falten Sie eine Eistüte. Schlagen Sie nun zusätzlich die untere linke Ecke etwas ein. Wenn Sie die Serviette nun wenden, haben Sie eine Wundertüte.

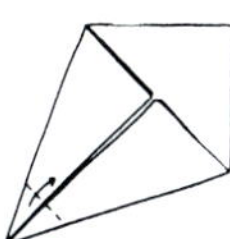

Der Schild

Für den Schild werden die obere linke und die untere rechte Ecke in einer schräg zur unteren linken Ecke verlaufenden Linie zur Mitte umgeschlagen, und zwar so weit, daß sie etwas überlappen. Gewendet ergibt diese Serviette das Schild.

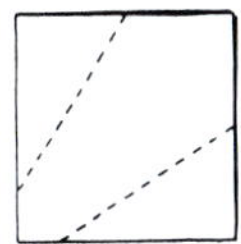
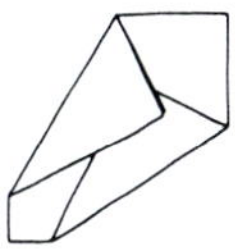

Das Sechseck

Für das Sechseck werden die obere linke und die untere rechte Ecke diagonal etwa zu einem Viertel umgeschlagen und die Serviette dann gewendet.

Die Mütze

Eine weitere, beliebte Möglichkeit aus einer zum
Viertel gefalteten Serviette schnell und einfach ein
kleines Dekorationselement zu zaubern, bietet die
bekannte Mützenform.

Dazu wird einfach eine Serviette in der Grundform diagonal zum Dreieck gefaltet, die seitlichen
Ecken nach hinten gebogen und ineinander
geschoben. Die Mützenform an sich haben Sie
schon in vorhergehenden Kapiteln bei anderen
Serviettenformen kennengelernt und werden sie
auch in den folgenden Kapiteln immer wieder
finden, sie sei aber hier ihrer Abwandlungsmög-
lichkeiten wegen, die wir Ihnen nicht vorenthalten
möchten, noch einmal ausführlich behandelt. Mit
nach vorne umgebogenen Spitzen wird sie nämlich zur sogenannten Schützenmütze, aus zwei
verschiedenfarbigen, übereinandergelegten Servietten gearbeitet und mit umgeschlagenen Spitzen zur bunten Mütze, und nicht ganz zum Dreieck umgeschlagen ist sie als doppelte Mütze bekannt.

Wir falten die Grundform: Falten Sie eine
Serviette zweimal in der Hälfte zum Viertel, und
drehen Sie sie dann so, daß die offenen Seiten in
der unteren Hälfte liegen. Brechen Sie die auf der
Spitze stehende Serviette nun in der Hälfte nach
oben zu einem Dreieck. Biegen Sie die seitlichen
Ecken des Dreiecks nach hinten, und schieben
Sie die Enden ineinander.

Quadrat und Tasche

Tasche und Quadrat gehören zu den sehr einfachen Serviettenformen, die eigentlich keiner
großen Anleitung bedürfen.

Da sie aber zum Standardrepertoire der klassischen Serviettenfaltkunst gehören, sich hervorragend für die 33 × 33 cm großen Teeservietten
und sogar für die kleinen 25 × 25 cm großen
Cocktailservietten eignen, sich darüber hinaus
noch ganz reizend dekorieren lassen, wollen wir
sie hier aber nicht ganz unerwähnt lassen. Auch
werden Schmuckelemente, wie Bordüren, farblich
abgesetzte Kanten, Spitzenbesätze oder bestickte
Ecken durch das Quadrat und die Tasche hübsch
betont und ins rechte Licht gerückt.

Von einem Quadrat spricht man, wenn man die
oberste Stofflage einer zum Viertel gefalteten
Serviette diagonal umschlägt. Nun kann man das
Quadrat natürlich nicht nur mit einfachem, sondern
auch mit doppeltem oder dreifachem Umschlag
arbeiten. Dazu werden die einzelnen Stofflagen
der offenen Seite, wie aus den Zeichnungen
ersichtlich, verschieden breit umgeschlagen. Wir
haben uns darauf beschränkt, nur die Tasche mit
dreifachem Umschlag und die Flunder, d. h. eine
Tasche mit halbem Umschlag (einer kleinen Variante, die als eigenständige Serviettenfigur gilt),
abzubilden.

Für die Tasche wird die oberste Stofflage zur Hälfte diagonal nach innen eingeschoben. Auch die Tasche läßt sich nun wieder mit einfachem, doppeltem oder dreifachem Einschlag arbeiten, je nachdem, wie viele der offenen Stofflagen Sie in abgestuften Abständen einschlagen. Auf unserem Foto sehen Sie die Tasche mit dreifachem Einschlag, die übrigens mit umgeknickter, unterer Spitze aufrecht ins Brotkörbchen gestellt, Ihre Toastscheiben nicht nur hübsch präsentiert, sondern auch noch schön warm hält.

Zum Schluß noch als Anregung die dekorative Kombination mit einem Umschlag und zwei Einschlägen. Sie sehen, die Elemente von Quadrat und Tasche lassen sich auf vielfältige Art und Weise miteinander variieren. Lassen Sie Ihrer Phantasie freien Lauf und experimentieren Sie selbst ein bißchen. Falten Sie Tasche und Quadrat auch einmal als Schild oder Eistüte, die Sie in dem vorherigen Kapitel kennengelernt haben. Sie werden überrascht sein, welche Formenvielfalt sich durch diese Kombination eröffnet.

Grundform ist immer eine zum Viertel gefaltete Serviette, deren offene Seiten oben und rechts liegen.

Das Quadrat

Die oberste Stofflage wird diagonal zur Hälfte nach unten umgeschlagen, bis zur unteren linken Ecke.

Variationen

Die Serviette wird zum Quadrat gebrochen, dann die obere rechte Ecke der zweiten Stofflage bis zur Mitte der Serviette diagonal umgefaltet und etwas unter den Umschlag geschoben. Das ist die Flunder.

Auch hier können wir wieder mit dem doppelten Umschlag variieren: Die zweite Stofflage der rechten oberen Hälfte wird zu zwei Dritteln nach unten links umgeschlagen, so daß sie versetzt über dem ersten Umschlag des Quadrates liegt.

Falten Sie die dritte Stofflage der rechten oberen Ecke zu einem Drittel über das Quadrat mit doppeltem Überschlag, so haben Sie das Quadrat mit dreifachem Umschlag.

Die Tasche

Schlagen Sie die obere rechte Hälfte der obersten Stofflage nach innen ein, so daß die Bruchlinie genau über der Diagonalen verläuft.

Die Variation mit doppeltem Einschlag erhalten Sie, wenn Sie die zweite Stofflage der oberen rechten Ecke nach innen brechen und einschlagen, jedoch nicht ganz so weit wie den ersten Einschlag.

Die Doppelfalte

Eine weitere hübsche Möglichkeit, Ihre zum Viertel gefaltete Serviette dekorativ zu gestalten, sind schmale, plastisch über der Serviette verlaufende Falten. Je nachdem, ob Sie Ihre Serviette nun zum Rechteck einschlagen oder zur Wundertüte oder zum Sechseck falten, verlaufen diese Falten dann diagonal oder waagerecht. Sie sehen auf unserem Foto, wie verschieden die gleiche Serviettenform durch diese kleine Abwandlung wirken kann. Wie Sie die hübschen Falten nun legen, finden Sie in der folgenden Anleitung genau erklärt.

Eine Serviette wird zweimal in der Hälfte zum Viertel gefaltet. Die offenen Seiten sollten oben und rechts liegen.

Um genau die Diagonale zu markieren, wird nun Ecke A auf Ecke B und wieder zurück gefaltet und der Bruch gut ausgestrichen. Jetzt wird die obere rechte Hälfte der ersten Stofflage parallel zur Diagonalen umgeschlagen, so weit, daß Ecke A genau auf den Mittelpunkt der Diagonalen trifft. Die umgeschlagene oberste Stofflage wird jetzt noch einmal in der Hälfte zwischen Bruchkante des Umschlags und der Diagonalen nach unten umgefaltet. Falten Sie den umgeschlagenen Teil nun noch einmal genau in der Diagonalen.

Die obere rechte Ecke der zweiten Stofflage wird jetzt wieder parallel zur Diagonalen, bis zur Faltkante der ersten Falte umgeschlagen. Die zweite Stofflage wird nun noch einmal in der Hälfte gebrochen, bis sie als Falte an der Dia-

gonalen anliegt. Sie können die Serviette jetzt zu einem schmalen Rechteck falten, indem Sie die Seiten nach hinten umbiegen oder die obere linke Ecke und die untere rechte Ecke zu Eis-, Wundertüte, Schild oder Sechseck umfalten.

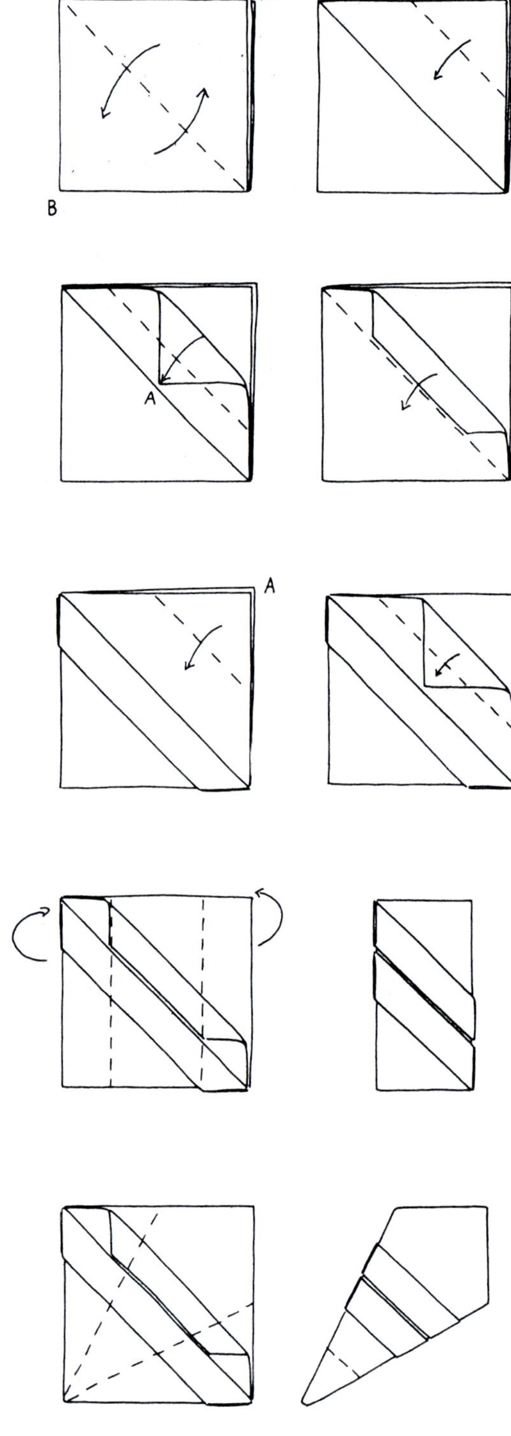

Volant, Falter und Blüte

Noch etwas raffinierter wirkt ein schräg über die Serviette verlaufender, doppelseitiger Volant; gleichzeitig ist dies eine aparte Möglichkeit, spitzenbesetzte oder farblich abgesetzte Kanten Ihrer Servietten hübsch zu betonen.

Die endgültige Formgebung bestimmt dann den Charakter und den Namen der fertigen Serviette: Mit nach hinten umgeschlagenen, glatten Ecken wird die Serviette zum schmalen Sechseck, eine Form, die das Schmuckelement in seiner ganzen Breite und Pracht zur Geltung bringt und daher

bezeichnenderweise einfach „Volant" genannt wird. Damit der Volant hält und nicht aufspringt, muß er für diese Figur gut ausgestrichen oder fest ausgebügelt werden. Die Konturen der Falten verlaufen so eher streng zickzackförmig und geben der Serviette einen interessanten Charakter.

Ganz anders wirkt die gleiche Serviette zum Dreieck gefaltet. Diese Figur trägt den Namen „Falter". Der Volant ist hier entsprechend dem Namen der Figur duftiger gearbeitet, d. h., die Kanten wurden beim Falten nicht ausgestrichen, sondern nur immer in der Mitte mit einem Finger zusammengehalten. Der Volant verläuft so eher in sanften, angedeuteten, sanften Linien.

Zum Dreieck gefaltet und dann die glatten, seitlichen Spitzen zusätzlich nach hinten umgefaltet, wird die Serviette zur „Blüte". Ihren typischen Charakter erhält diese Figur durch den leicht nach oben gezogenen und so duftig fächerförmig aufgestellten Volant.

Diese drei hier vorgestellten Serviettenfiguren sind nun nicht nur äußerst dekorativ, sie haben auch den Vorteil, daß sie sich aus Servietten jeglicher Größe oder jeglichen Materials falten lassen. Je größer die vorhandene Serviette, in desto dichtere Falten läßt sich der Volant legen, aber auch kleinere Servietten, mit einem vielleicht nur zweifach gefaltetem Volant, überraschen schon durch ein hübsches Ergebnis.

Stellen Sie die Grundform her: Falten Sie eine Serviette in der Hälfte nach oben, dann wieder in der Hälfte von links nach rechts, bis Sie ein Viertel haben, dessen offene Seiten rechts oben und seitlich rechts liegen. Falten Sie nun die oberste Stofflage von rechts oben diagonal nach links unten, so daß Ecke A auf Ecke B zu liegen kommt. Das umgeschlagene Dreieck falten Sie jetzt parallel, im Abstand von etwa 2 cm, zur Diagonalen wieder zurück. Genau über der Diagonalen brechen Sie nun die Stofflage wieder nach links unten. Falten Sie die Ecke dann wieder genau über der parallelen ersten Bruchlinie wieder zurück. Arbeiten Sie so ziehharmonikaartig weiter. Wie oft Sie falten (mindestens aber zweimal), d. h., wie eng Ihre Falten liegen, und ob die Spitze des kleinen Dreiecks später zur Mitte hin oder zur äußeren Ecke zeigt, spielt keine Rolle und bleibt Ihrem Geschmack überlassen oder von der Größe der Serviette bestimmt.

Die oberste Stofflage des oben rechts liegenden Dreiecks arbeiten Sie nun genauso spiegelbildlich.

Der Volant

Falten Sie nun die glatten Ecken der Serviette nach hinten um, so erhalten Sie den Volant. Bügeln Sie bei dieser Figur den Volant gut aus, damit er besser hält. Ist Ihnen die so entstehende Zickzackkante etwas zu streng, versuchen Sie, ob das feste Ausstreichen der kleinen Mitteldreiecke vielleicht schon genug Halt gibt.

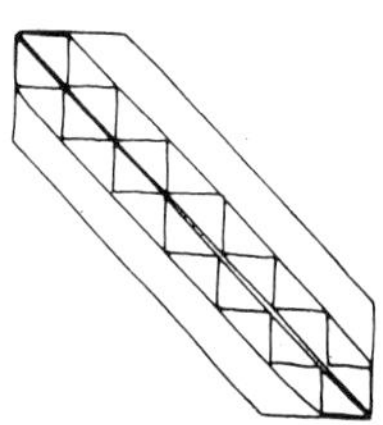

Der Falter

Falten Sie die Serviette in einer diagonal zum Volant verlaufenden Linie nach hinten um, so daß ein Dreieck entsteht. Das ist die Figur „Falter".

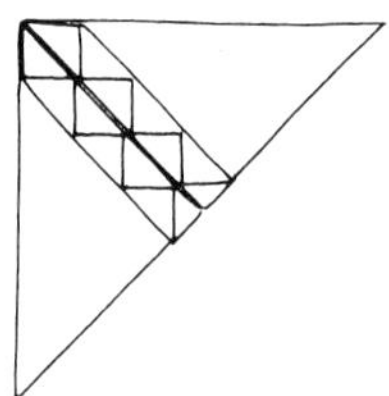

Die Blüte

Falten Sie die Serviette wie beim Falter zum Dreieck. Schlagen Sie nun die seitlichen Ecken zusätzlich nach hinten um. Ziehen Sie den Volant der fertigen Blüte leicht nach oben, damit er sich fächerförmig entfaltet.

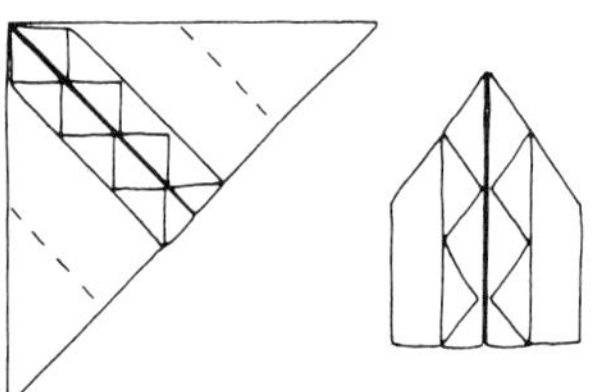

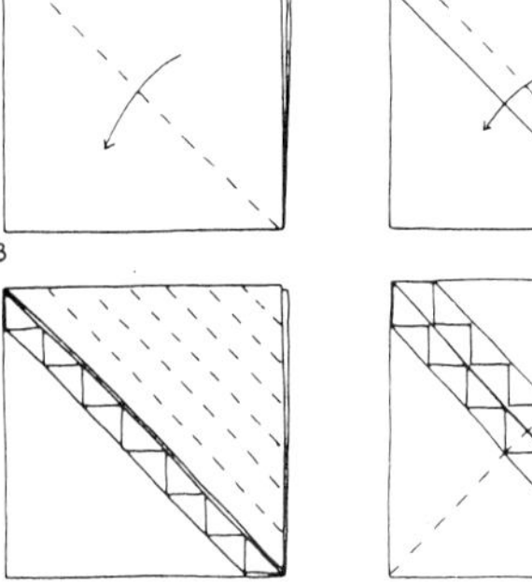
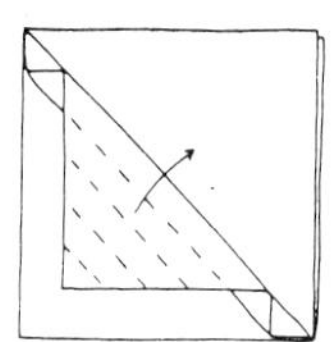

Die Dschunke

Diese außergewöhnliche Serviettenfigur ist auch unter dem Namen „Hahnenkamm" bekannt. Ich finde aber, daß „Dschunke" den exotischen Charakter dieser aparten Serviettenkreation viel besser beschreibt.

Trotz ihres aufwendigen Aussehens ist auch diese hübsche Serviettenform nicht schwer nachzuarbeiten. Damit die Dschunke mit ihren aufgestellten Spitzen, die sich wie kleine Segel im Wind blähen, auch gut zur Geltung kommt, sollten Sie mindestens 40 × 40 cm große Servietten verwenden.

Falten Sie die obere Hälfte einer Serviette nach unten. Brechen Sie dann die Serviette nochmals in der Hälfte von links nach rechts. Drehen Sie das entstandene Quadrat so, daß es auf einer Spitze steht, und die offenen Seiten in der unteren Hälfte liegen. Falten Sie die untere Spitze des Quadrates auf seine obere Spitze. Es entsteht ein Dreieck. Die offenen Seiten liegen obenauf. Falten Sie die Seitenkanten des Dreiecks nach innen zur Mitte um, indem Sie die beiden Hälften des Drei-

ecks von der oberen Spitze aus diagonal zur Mittelachse umfalten. Die ehemals seitlichen Spitzen A und B bilden nun die Spitze einer Raute. Biegen Sie die unteren überstehenden Spitzen A und B nun nach hinten um.

Heben Sie jetzt die Serviette vorsichtig am unteren Ende an, und drücken Sie dabei die Ecken C und D nach unten zusammen. Die Serviette öffnet sich dabei entlang der Mittelachse. Halten Sie die umgeknickten Hälften der unteren Kante, die das Heck der Dschunke bilden, fest zusammen, und ziehen Sie die vier losen Stofflagen einzeln jeweils von der Spitze her kräftig nach oben, bis sie wie aufgestellte Segel aussehen.

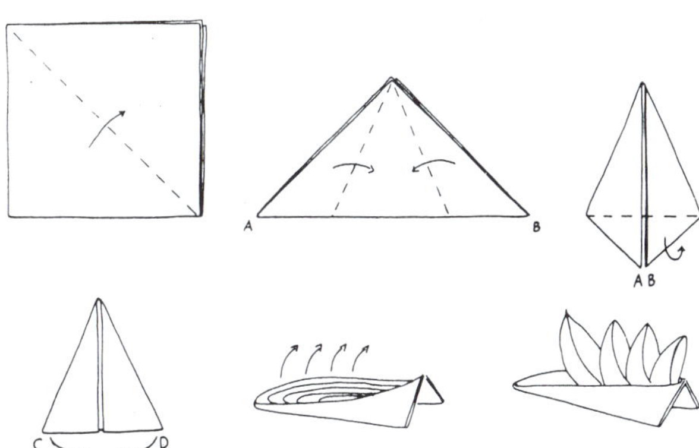

Die Orchidee

Als aparter Blickfang präsentiert sich hier die Orchidee, auch ganz lapidar „Fünfblatt" genannt. Eine sehr hübsche, fast exotisch wirkende Serviettenfigur, die Ihnen größen- oder materialmäßig keine Beschränkungen auferlegt, und darüber hinaus noch überraschend schnell und einfach zu fertigen ist.

Falten Sie die obere Hälfte einer Serviette nach unten, dann die rechte Hälfte nach links. Drehen Sie das entstandene Viertel so, daß es auf der Spitze steht, und die offenen Seiten in der unteren Hälfte liegen. Falten Sie die untere Spitze des Quadrates auf die obere, so daß ein Dreieck entsteht. Die offenen Seiten liegen jetzt obenauf. Legen Sie das Dreieck nun längs der Unterkante in gleichmäßige, großzügige Ziehharmonikafalten, indem Sie es am unteren Ende fassen und abwechselnd vor- und zurückfalten. Streichen Sie die Falten nicht aus. Halten Sie das untere Ende der Serviette fest zusammen, und stecken Sie es in ein schmales Glas. Ziehen Sie nun die vier offenen Stofflagen der offenen Spitze einzeln nach vorne unten auseinander.

Faltkombinationen

Die französische Falte

So elegant, wie ihr Name vermuten läßt, wirkt diese aparte Serviettenfigur auch. Schlicht und dennoch raffiniert bringt sie gerade edle Stoffe wie Damast oder Leinen gut zur Geltung. Ihr Geheimnis sind die dezent zu Falten eingeschlagenen Stofflagen, deren Brüche weder geknickt noch gefalzt werden, und so in elegantem Schwung wellenförmig übereinander liegen.

Wem diese Form zu schlicht erscheint: Die durch die Falten gebildeten Taschen eignen sich hervorragend zum Einstecken kleiner Menü- oder Platzkarten und anderer kleiner Accessoires. Am schönsten gelingt diese Serviettenfigur aus großen Servietten (ca. 45 × 45 bis 50 × 50 cm). Selbst Servietten aus Vlies, die sonst nur schwer in Form zu bringen sind, lassen sich ausgezeichnet zur aparten französischen Falte legen.

Für die französische Falte wird eine Serviette erst einmal auf beiden Seiten zu je einem Drittel eingeschlagen. Jetzt wird das untere Viertel, von der Unterkante her, zweimal eingeschlagen, so daß der Umschlag genauso groß ist, wie der Abstand seines obersten Faltbruchs zur Mitte der Serviette. Die Serviette wird jetzt in der Mitte angehoben, nach oben geschoben und dann umgelegt, bis sich aus der Mitte eine Falte von der ungefähren Größe des unteren Umschlags bildet. Das obere Ende der Serviette wird dann locker nach hinten umgeschlagen, so daß sich aus dem verbleibenden oberen Teil eine Falte in entsprechender Größe bildet.

Die Abbildung zeigt, wie die fertige Serviette in der Seitenansicht aussehen sollte, und macht noch einmal die Faltweise deutlich. Wichtig ist, daß die drei Falten etwa die gleiche Größe haben, so erhält die Serviette ihren ausgewogenen Charakter.

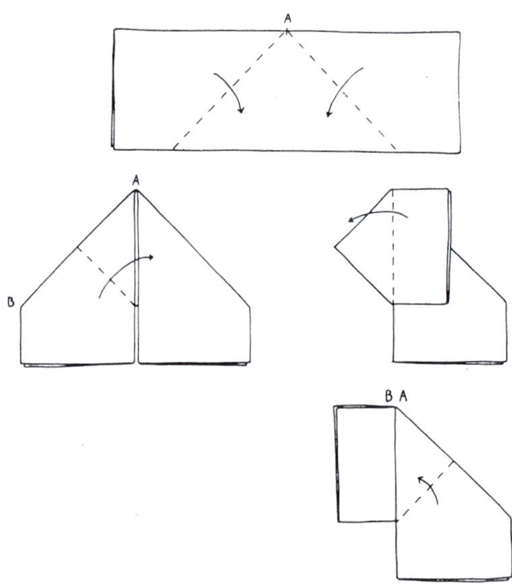

Apollo

Nach Apollo, dem griechischen Gott der Schönheit, ist diese Serviettenfigur benannt. Ein zugegebenermaßen etwas seltsamer Name für eine Serviette. Vielleicht brachte ihr ihre schlichte Schönheit diese Bezeichnung ein oder ihr gutes Standvermögen, das sie aufrecht, wie eine kleine Statue, auf dem Teller thronen läßt.

Verwenden Sie für diese Serviettenform 40 × 40 bis 50 × 50 cm große Servietten. Maschinell vorgefaltete Papier- oder Vliesservietten eignen sich für die Apolloform weniger, da die bereits vorhandenen Knicke stören und genau über das Viereck in der Mitte verlaufen würden.

Falten Sie das untere Drittel einer Serviette nach oben um. Brechen Sie dann das obere Drittel von oben nach unten über den umgeschlagenen Teil. Markieren Sie die Mitte der Serviette, und brechen Sie nun die linke Hälfte vom Mittelpunkt A der Oberkante aus diagonal nach unten, so daß die Oberkante genau über der Längsachse liegt. Wiederholen Sie diesen Vorgang mit der rechten Serviettenhälfte. Brechen Sie jetzt die linke Hälfte der Serviette diagonal nach oben, so daß die linke Ecke B auf die Spitze A zu liegen kommt.

(Ihre Serviette sollte jetzt aussehen, wie die Abbildung zeigt.) Falten Sie nun das auf der rechten Hälfte liegende überstehende Ende nach links um.

Wiederholen Sie die beiden letzten Arbeitsschritte auf der rechten Seite: Falten Sie den rechten Flügel diagonal so nach oben, daß die rechte Ecke C auf die Spitze A zu liegen kommt. Brechen Sie jetzt das auf der linken Hälfte liegende, überstehende Ende nach rechts um. Drehen Sie nun die gesamte Serviette über die rechte Seite auf die Rückseite.

Jetzt liegt das gefaltete Quadrat auf der Oberseite, dessen obere Hälfte offen ist, und sich daher durch leichtes Hochziehen aufstellen läßt. Zum besseren Stand empfiehlt es sich, die umgeknickten Enden, die als Stützen dienen, am hinteren Ende zusätzlich etwas auseinander zu schieben.

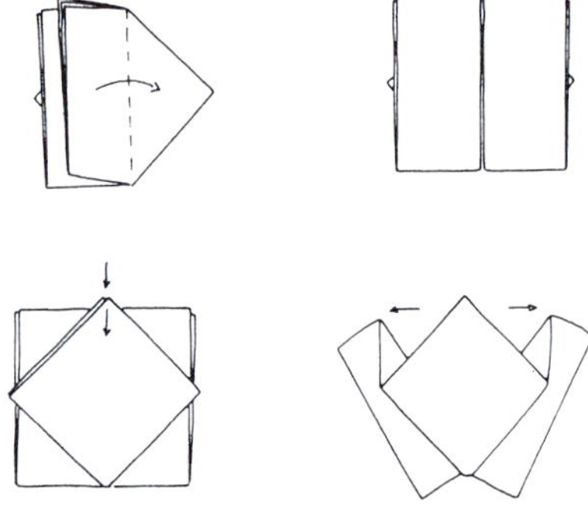

Flügel und Diamant

Zwei ungewöhnliche, bei uns kaum bekannte Serviettenfiguren, beide nach demselben Faltschema gearbeitet: die Flügel und der Diamant.

Gleich im ersten Arbeitsschritt werden die Servietten für diese Formen zu einem Drittel zusammengefaltet. Ihre Servietten sollten mindestens 40 × 40 cm groß sein, damit die fertige Figur nicht zu klein gerät.

Flügel

Schlagen Sie das obere Drittel einer Serviette nach unten und das obere Drittel nach oben. Markieren Sie die Mitte der Serviette, brechen Sie dann die rechte Hälfte zu zwei Dritteln nach links. Falten Sie nun die untere linke Ecke des umgeschlagenen Teils diagonal nach oben zur Mitte um. Falten Sie den gebrochenen Teil jetzt längs in der Hälfte nach rechts zurück. Brechen Sie die linke Hälfte zu zwei Dritteln nach rechts. Nun wieder die untere rechte Ecke diagonal nach oben, bis zur Mitte des umgeschlagenen Teils, falten. Den obenauf liegenden gebrochenen Teil jetzt ebenfalls längs der Mittelachse nach links zurückfalten. Stellen Sie die Flügel der fertigen Figur noch etwas auf.

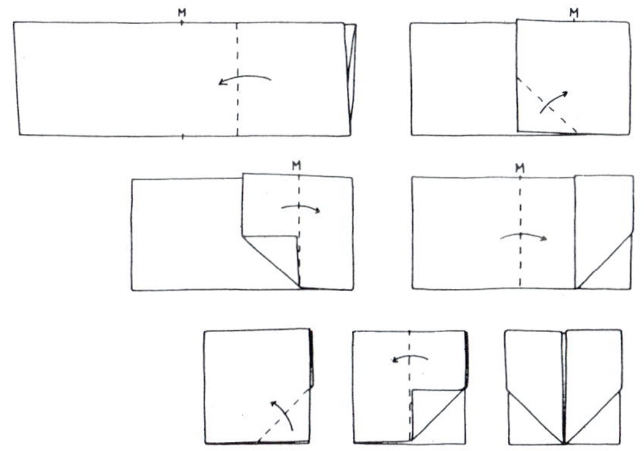

Diamant

Falten Sie wieder das obere Drittel einer Serviette nach unten und das untere Drittel nach oben. Markieren Sie die Mitte, und brechen Sie dann die rechte Hälfte zu zwei Dritteln nach links. Falten Sie nun die obere und die untere Ecke des umgeschlagenen Teils diagonal nach rechts zur Mitte um. Falten Sie den gebrochenen Teil wieder

in der Hälfte nach rechts zurück. Brechen Sie die linke Hälfte jetzt ebenfalls zu zwei Dritteln nach rechts. Falten Sie nun die obere und die untere Ecke diagonal zur Mitte des umgeschlagenen Teils. Falten Sie den gebrochenen Teil jetzt wieder in der Hälfte nach links zurück.

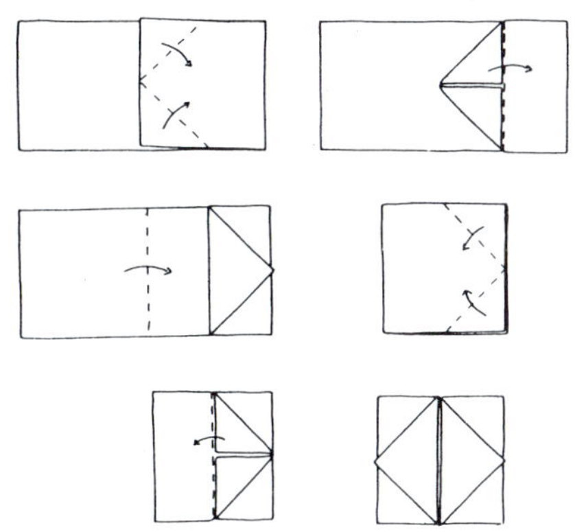

Doppelter Diamant

Hier nun ein Beispiel aus der hohen Schule der Serviettenfaltkunst – der doppelte Diamant. Eine aufwendig gefaltete Serviettenfigur, mit einer über hundert Jahre alten Tradition.

Bei uns ist diese außergewöhnliche Serviettenform leider so gut wie gar nicht bekannt, sie wird aber in den angelsächsischen Ländern, wo sie auch ihren Ursprung hat, noch gerne zu besonders festlichen Anlässen aufgedeckt.

Den doppelten Diamanten sollten Sie nach Möglichkeit aus einer edlen Stoffserviette in den klassischen Maßen 50 × 50 cm falten.

Falten Sie das untere Drittel einer Serviette nach oben, und schlagen Sie dann das obere Drittel nach unten. Schlagen Sie die oberste Stofflage jetzt zweimal schmal nach oben um, so daß sich eine Falte bildet, die genau waagerecht über die Mitte der Serviette verläuft. (Diese beiden Abbildungen zeigen die Serviette nach diesem Arbeitsschritt. Einmal von oben, einmal von der Seite.) Drehen Sie die Serviette jetzt, so daß die Rückseite nach oben zeigt, und die Querfalte unter der Serviette liegt.

Markieren Sie die Mitte der Serviette, indem Sie das Ganze einmal in der Hälfte knicken und wieder zurückfalten. Schlagen Sie die linke Seite der Serviette nun zweimal, genau bis zu der markierten Mittellinie hin, um. Wiederholen Sie den gleichen Vorgang auf der rechten Seite.

Jetzt falten Sie die rechte Hälfte der Serviette nach hinten um. Vorder- und Rückseite sehen jetzt identisch aus. Nun werden die Diamanten ausgearbeitet. Fassen Sie dazu am Mittelpunkt der Oberkante die oberste Stofflage, und ziehen Sie diese nach unten, zur Mitte der Querfalte. Dabei schließt sich die Öffnung der obersten Stofflage wieder ganz automatisch und seitlich bilden sich die Konturen des Diamanten. Schieben Sie die Enden der Diamanten etwas unter die Querfalte.

Arbeiten Sie nun den zweiten Diamanten genauso in der unteren Hälfte der Serviette.

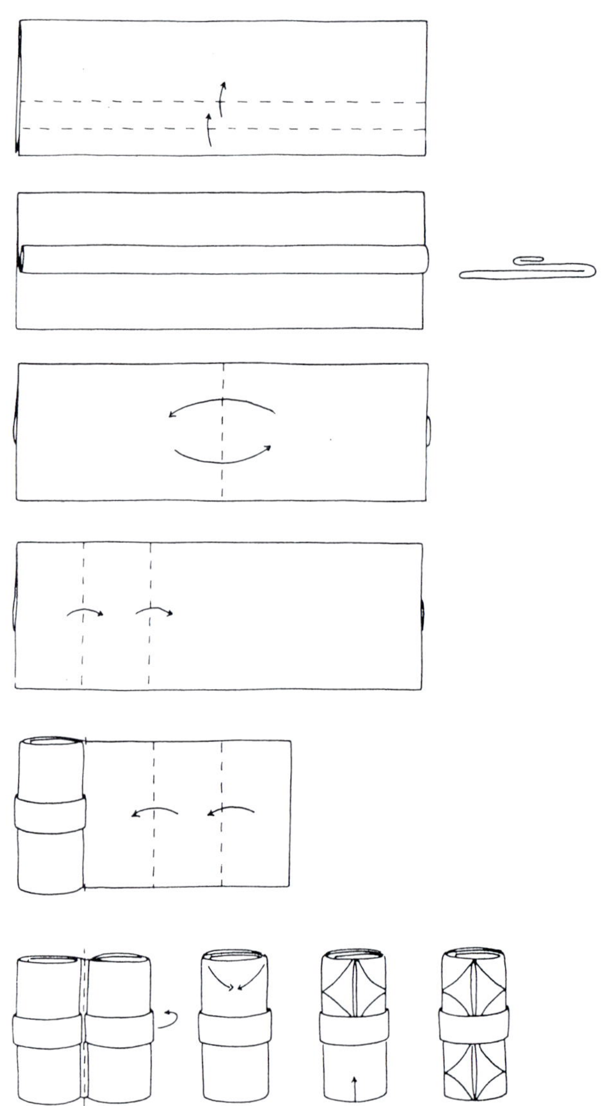

Das Dinnerjacket

Überraschen Sie Ihre Gäste doch einmal mit einem Dinnerjacket an der abendlichen Tafel. Eine originelle Idee, die jedem Gedeck eine festliche, aber dennoch witzige Note verleiht.

Ein bißchen Arbeit macht das Fertigen dieses ausgefallenen Dekorationsvorschlages schon, aber das Ergebnis lohnt die Mühe. Klassisches Weiß ist natürlich ein Muß für das Dinnerjacket. Sie brauchen ziemlich viel Stoff, um diese Serviettenform zu falten, verwenden Sie daher eine Serviette von 50 × 50 cm Größe. Eine dicke schwarze Fliege, aus Geschenk- oder Satinband, mit etwas doppelseitigem Klebestreifen befestigt, darf als I-Tüpfelchen natürlich nicht auf dem Dinnerjacket fehlen.

Das obere Drittel einer Serviette wird nach oben, das obere Drittel darüber, nach unten geschlagen. Schlagen Sie die oberste Stofflage jetzt zweimal nach oben um, bis quer über die obere Hälfte eine Art Falte verläuft. (Die Abbildung veranschaulicht in der Seitenansicht diesen Faltenverlauf.) Wenden Sie jetzt die Serviette, so daß die Querfalte über die obere Hälfte der Rückseite verläuft. Falten Sie nun die Seiten vom Mittelpunkt der Oberkante aus diagonal nach unten, so daß die Oberkanten über der Mittelachse der Serviette zu liegen kommen.

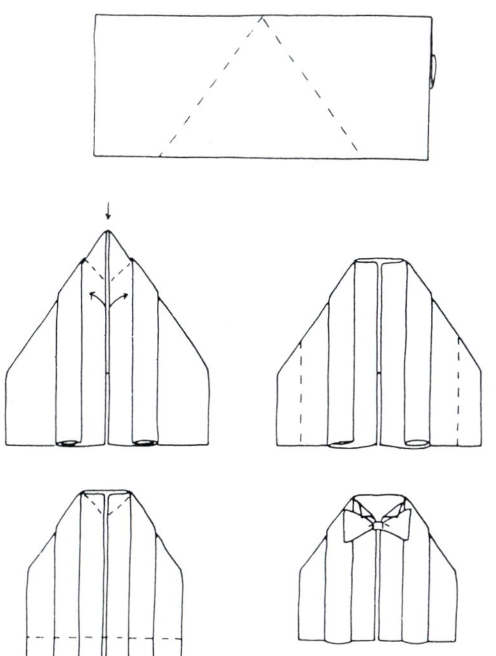

Sie sehen, das Jacket nimmt nun schon Formen an. Zur Ausarbeitung der Details müssen Sie nun die „Hemdbrust" ein wenig am oberen Ende öffnen und die obere Spitze nach innen unten ziehen, bis das innere „Hemdteil" knapp unter den aufliegenden Falten, die den Kragen des Jackets bilden, gerade abschließt. Die Serviette wird nun seitlich etwas eingeschlagen. Der untere Rand wird nach hinten umgefaltet. Jetzt können Sie die Kragenecken des Hemdes etwas nach außen umbiegen und fest ausbügeln. Eine dicke Satinschleife wird nun mit doppelseitigem Klebeband zwischen den Kragenecken befestigt. Besonders hübsch sieht es aus, wenn Sie ihr Dinnerjacket etwas aufstellen, das erreichen Sie, indem Sie die umgeschlagenen Seiten in Höhe der „Schultern" leicht aufklappen und die Serviette darauf abstützen.

Das Megaphon

Hier nun wieder eine einfachere Serviettenfigur mit dem alten überlieferten Namen „Megaphon", den sie wohl ihrer außergewöhnlichen Form verdankt.

Falten Sie das Megaphon aus einer mindestens 40 × 40 cm großen Serviette, damit die fertige Figur nicht zu klein wird.

Falten Sie das untere Viertel einer Serviette nach unten, das untere Viertel nach oben zur Mitte. Falten Sie die Unterkante dieser Figur nun auf die Oberkante, indem Sie die Serviette in der Hälfte nach oben brechen. Markieren Sie die Mitte der Serviette, indem Sie die linke Hälfte der Serviette nach rechts und wieder zurück brechen. Falten Sie nun die beiden seitlichen Enden vom Mittelpunkt der Oberkante aus diagonal nach unten, so daß sich die ehemaligen Oberkanten auf der Mittellinie treffen. Wenden Sie nun die Figur. Rollen Sie nun die langen Enden, die unter dem Dreieck liegen, von den mittleren Ecken her über die äußeren langen Ecken, bis zu dem Dreieck tütenförmig auf. Streichen Sie die fertigen Tüten flach aus, damit sie besser halten, und brechen Sie die Serviette in der Mitte von links nach rechts. Stellen Sie nun das fertige Megaphon auf.

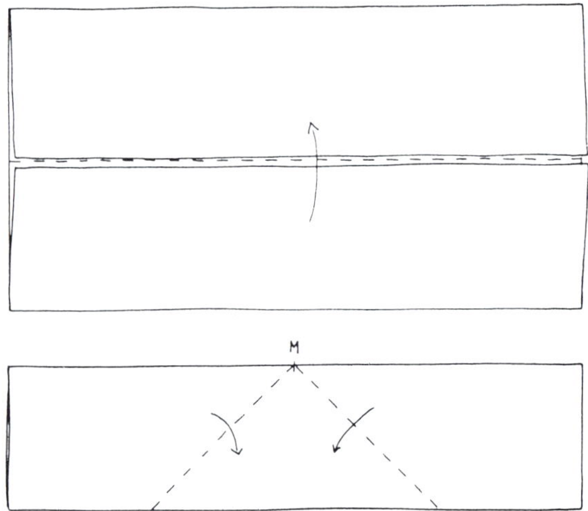

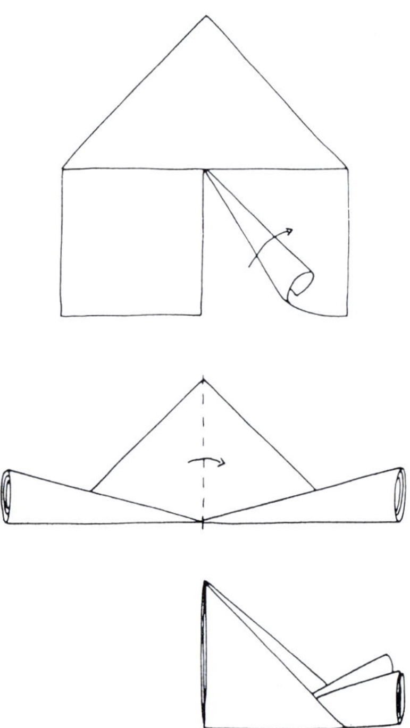

Der Kerzenfächer

Die aparte Kombination von Roll- und Fächertechnik macht den Reiz dieses hübschen Dekorationsvorschlages aus, des sogenannten Kerzenfächers. In einem hohen, schmalen Glas arrangiert, kommt diese Serviettenfigur besonders gut zur Geltung.

Für einen schönen, üppigen Kerzenfächer benötigen Sie eine Serviette von ca. 45 × 45 cm, besser noch 50 × 50 cm Größe.

Legen Sie eine Serviette gerade, mit der linken Seite nach oben, vor sich hin. Falten Sie nun beide Seiten genau zur Mitte hin um. Markieren Sie die Mitte der Serviette, indem Sie das Ganze einmal in der Mitte knicken und wieder auseinander falten. Legen Sie nun einen Finger auf den Mittelpunkt, um die Serviette an dieser Stelle zu fixieren. Falten Sie nun die sich auf der Mittellinie treffenden umgeschlagenen Ecken A, B, C und D diagonal zum Mittelpunkt nach außen um. (Nach diesem Arbeitsschritt sollte die Serviette aussehen, wie die Abbildung zeigt.) Die obere Hälfte der Serviette wird jetzt von der Oberkante her bis zur Mittellinie fest eingerollt.

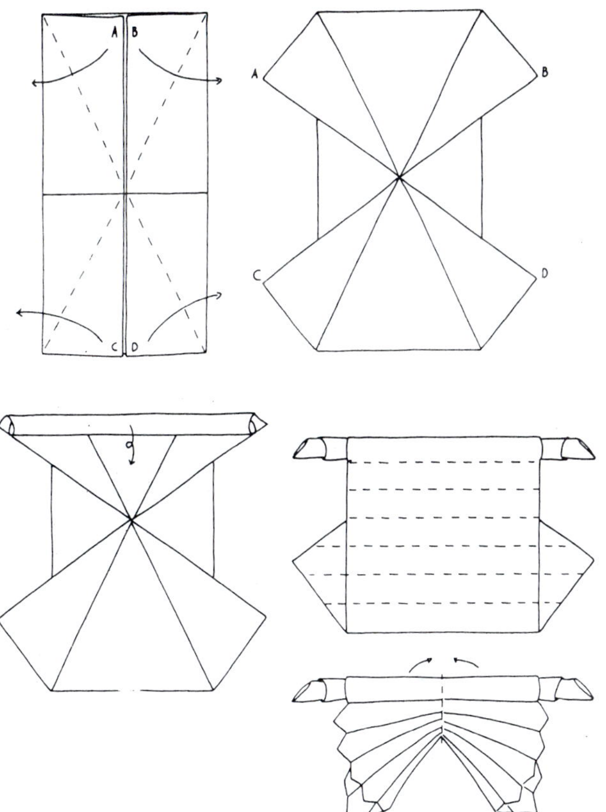

Wenden Sie nun die Serviette, und legen Sie die untere Hälfte, von der Unterkante beginnend, bis zum aufgerollten Teil hin in ziehharmonikaartige Falten, indem Sie die Serviette in regelmäßigen, schmalen Abständen abwechselnd vor- und zurückbrechen. Falten Sie nun die beiden Seiten der Serviette nach oben, indem Sie die Figur in der Mitte knicken. Die beiden „Kerzen" sollten sich in der Mitte befinden, von den beiden Fächerhälften seitlich eingerahmt. Stellen Sie den fertigen Kerzenfächer nun mit dem unteren Ende in ein schmales Glas, und ziehen Sie dabei die beiden Fächerhälften etwas nach unten. Die unschöne Knickstelle können Sie eventuell mit einer Blüte verdecken.

Das Windrad

Die dekorativen Serviettenformen der folgenden Kapitel entstehen durch Einschlagen oder Umfalten von Ecken in den ersten Arbeitsschritten.

Zu Beginn hier eine relativ einfache Figur, das Windrand, welches sich besonders gut für Teeservietten im Format von 30 × 30 cm eignet. Viel größer sollten die verwendeten Servietten für diese Figur nicht sein, da das Windrand sonst leicht zu großflächig wird und über den Tellerrand lappt.

Das Windrad mit seinen Spitzen erinnert etwas an die Form eines Sterns und eignet sich daher auch gut zur Dekoration einer weihnachtlichen Tafel.

Durch seine flache Form läßt es sich auch gut zwischen Geschirrteilen, etwa als Unterlage für eine Suppentasse oder Vorspeisenschale, dekorieren.

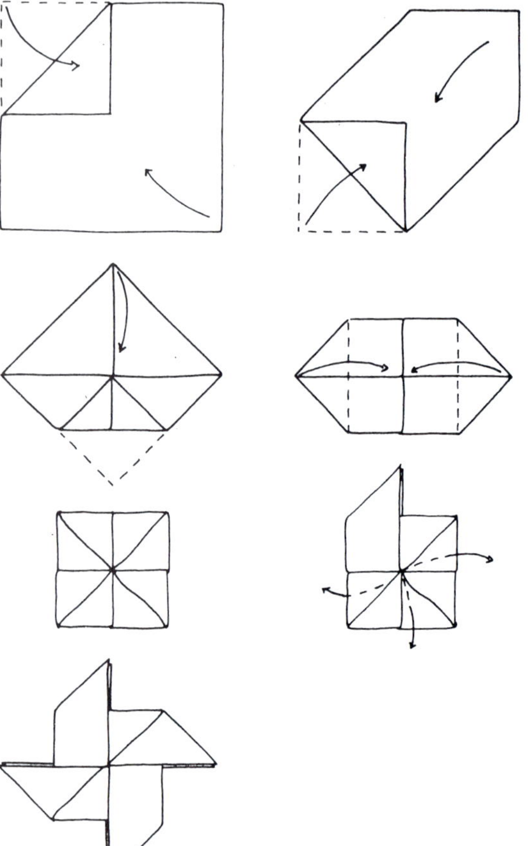

Legen Sie eine Serviette ausgebreitet vor sich, falten Sie dann die zwei sich diagonal gegenüberliegenden Ecken zur Mitte hin um. Wenden Sie die Serviette. Halten Sie beim Drehen, und das gilt auch für alle weiteren Schritte, die umgefalteten Spitzen etwas mit den Fingern fest, damit Ihnen die ganze Pracht nicht gleich wieder auseinanderfällt. Falten Sie nun die beiden verbliebenen gegenüberliegenden Ecken ebenfalls zur Mitte hin um. Wenden Sie die Serviette wieder. Die neue Figur hat nun wieder eine quadratische Form.

Die obere und die untere Ecke werden wieder, wie beim ersten Schritt, zur Mitte hin umgefaltet, und das Ganze dann gewendet. Auch bei diesem Schritt werden jetzt die beiden verbliebenen seitlichen Spitzen zur Mitte hin umgefaltet. (Ihre Serviette sollte jetzt aussehen wie auf dieser Zeichnung abgebildet.)

Halten Sie nun mit der linken Hand die umgefalteten Spitzen in der Mitte etwas fest, und ziehen Sie dann die losen Spitzen von unter der Mitte hervor. Fassen Sie abwechselnd einmal unter die Mitte der Vorder-, dann unter die Mitte der Rückseite, um diese losen Spitzen hervorzuholen.

Der asiatische Fächer

Seine bizarre, ausdrucksvolle Form läßt den asiatischen Fächer, auch Sternfächer genannt, garantiert zum Blickfang einer jeden Tafel werden. Die plastische Wirkung und Ausgewogenheit erhält dieser Fächer durch die gleiche Ausarbeitung von Vorder- und Rückseite.

Um einen beeindruckenden asiatischen Fächer mit ausgeprägten Zacken zu erhalten, sollten Sie mindestens 40 × 40 cm große, gut gestärkte Stoff- und Vliesservietten verwenden.

Falten Sie das obere Viertel einer Serviette nach unten zur Mitte, das untere Viertel nach oben, ebenfalls zur Mitte. Falten Sie die untere Hälfte der Serviette jetzt nach oben, indem Sie Unterkante auf Oberkante falten. Die Serviette sollte nun als schmale, längliche Figur vor Ihnen liegen, mit der offenen Seite nach oben zeigend.

Legen Sie diese Figur jetzt in etwa vier bis sechs ziehharmonikaartige Falten, indem Sie die Serviette von links nach rechts, in gleichmäßigen Abständen, abwechselnd vor- und zurückbrechen. Fassen

Sie nun das gefächerte Band am unteren Ende fest zusammen, lassen Sie den oberen Teil leicht auseinander fallen. Ziehen Sie jetzt die tiefliegenden Faltenspitzen der obersten Stofflage nach vorne und unten, bis die Oberkanten dieser tiefliegenden Falten mit den Bruchkanten der vorstehenden Falten abschließen. Drücken Sie die Serviette jedesmal nach dem Hervorziehen einer Falte wieder fest zusammen, um die Knicke herauszuarbeiten. Wenden Sie nun die Serviette, und ziehen Sie nach der gleichen Technik auch die tiefliegenden Falten auf der Rückseite nach vorne. Stellen Sie den Fächer nun vorsichtig auf, so daß er durch die seitlichen, umgeknickten Ecken abgestützt wird.

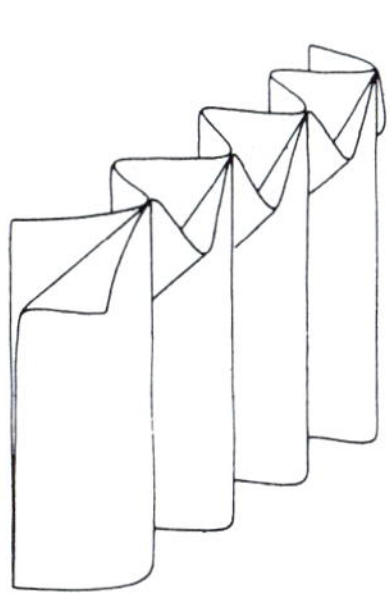

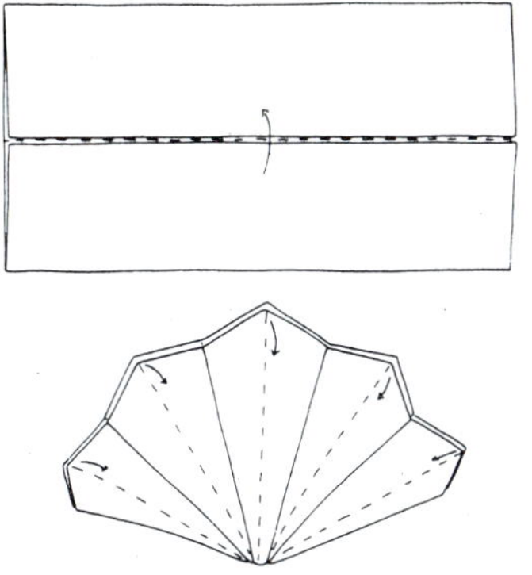

Der Eckenfächer

Zwei weitere außergewöhnliche Serviettenfiguren möchte ich Ihnen auf dieser Seite vorstellen – den schrägen Eckenfächer, bizarr, fast wie eine exotische Blüte, und den geraden Eckenfächer, der trotz seiner aufwendigen Falttechnik eher eine gewisse Strenge ausstrahlt.

Welcher dieser beiden Serviettenfiguren Sie nun den Vorzug geben, bleibt Ihrem Geschmack überlassen. In einem schmalen Glas arrangiert oder am unteren Ende mit einem Serviettenring zusammengehalten: Beide Eckenfächer sind ohne Frage eine dekorative Bereicherung Ihrer Tafel, die Ihre Gäste bestimmt durch ihre exotische Note bezaubern werden.

Arbeiten Sie die Eckenfächer aus Servietten der Größe 30 × 30 bis 40 × 40 cm, aus Papier, Vlies oder Stoff, der allerdings nicht zu dick sein sollte.

Falten Sie die Grundform: Falten Sie die oberen beiden Ecken einer Serviette nach vorne, zur Mitte hin, um. Falten Sie diese Ecken dann wieder zu etwas mehr als der Hälfte zurück, so daß die Ecken wie in der Zeichnung über den schrägen, oberen Rand hinausragen. Brechen Sie nun den unteren Teil der Serviette zu etwas mehr als einem Drittel nach oben, so daß die Spitze noch wie in der Zeichnung unter der oberen Kante herausragt. Falten Sie nun die Unterkante der Serviette bis etwa zur Mitte dieses glatten Umschlages nach oben.

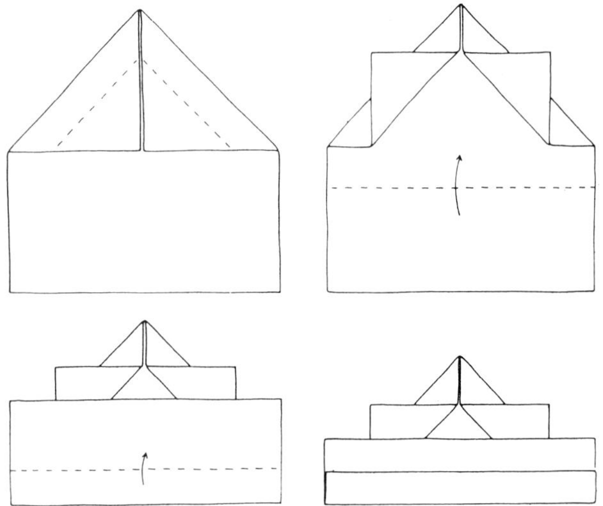

Gerader Eckenfächer

Beginnen Sie nun mit einem Knick, der genau durch die Mitte der Serviette verläuft, indem Sie die Serviette von der Spitze zur Unterkante hin falten. Legen Sie dann eine Seite des Fächers in drei ziehharmonikaartige Falten. Diese Falten sollten genau parallel zur ersten Falte verlaufen und durch die Spitzen der Oberkante gehen. Legen Sie nun die zweite Hälfte der Serviette in ebensolche Falten, spiegelbildlich zur ersten Seite. Fassen Sie die gefächerte Serviette am unteren Ende fest zusammen, lassen Sie den oberen Teil etwas auseinanderfallen; eventuell etwas auseinanderziehen. Stellen Sie den fertigen geraden Fächer in ein schmales Glas oder in einen Serviettenring.

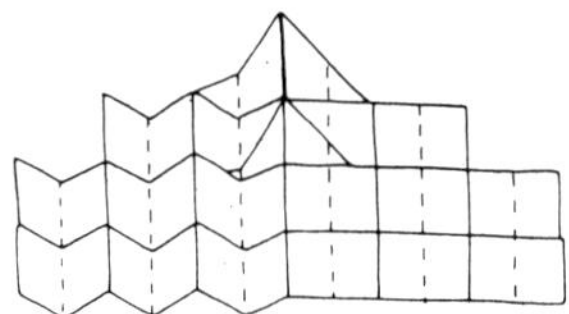

Schräger Eckenfächer

Brechen Sie die Grundform längs der Mittellinie von rechts nach links. Sie sehen jetzt die Hälfte der Rückseite vor sich, bei der die Spitze von oben bis zur äußeren Spitze schräg nach unten verläuft. Falten Sie diese obenauf liegende Hälfte nun fächerförmig vor und zurück, wobei die Knicke genau durch die Ecken und Spitzen der Oberkante schräg nach unten in Richtung untere linke Ecke verlaufen sollten.

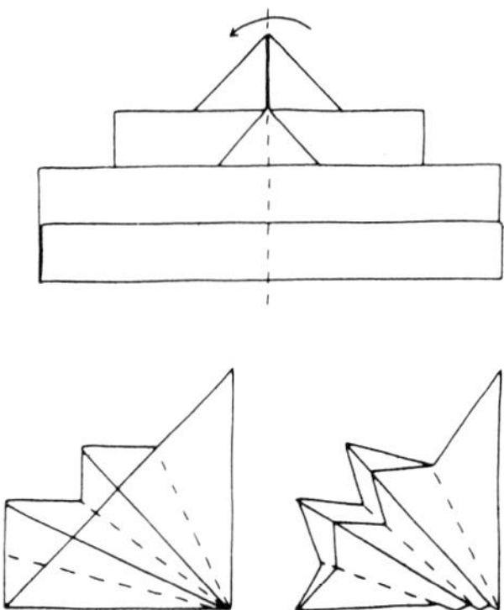

(Die Zeichnung zeigt genau das Faltschema.)
Wenden Sie die Serviette, und legen Sie nun die
glatte zweite Hälfte der Serviette spiegelbildlich
zur ersten in ebensolche, schräg durch die Spitzen in Richtung Mitte der Serviette verlaufende
Ziehharmonikafalten. Fassen Sie das untere Ende

der Serviette. Die Seite mit der schräg verlaufenden Spitze bleibt diesmal Vorderseite. Stellen Sie
den fertigen schrägen Fächer in ein schmales
Glas. Ziehen Sie die äußeren Spitzen des Fächers
etwas nach unten, damit er sich besser entfaltet.

Der Schmetterling

Diese stilisierte Schmetterlingsfigur läßt sich am besten aus Servietten der Größe 35 × 35 bis 45 × 45 cm falten. Für ein gutes Ergebnis ist es bei dieser Figur allerdings wichtig, daß die Serviette absolut quadratisch ist, also noch nicht durch Gebrauch oder Bügeln verzogen. Verwenden Sie daher am besten Papier- und Vliesservietten.

Legen Sie eine Serviette gerade vor sich, mit der linken Seite nach oben. Falten Sie nun alle vier Ecken zur Mitte hin um. Die Kanten sollten gerade aneinanderstoßen, und sich genau in der Mitte der Serviette treffen. Streichen Sie die Faltkanten gut aus. Wiederholen Sie die gleichen Schritte noch einmal mit dem so entstandenen kleineren Quadrat. Falten Sie wieder alle Ecken zur Mitte um. Arbeiten Sie so genau wie möglich, und streichen Sie auch hier die Faltkanten gut aus. Falten Sie nun die untere Hälfte der Serviette nach hinten um. Die Unterkante sollte genau auf der Oberkante zu liegen kommen.

Ihre Figur sollte jetzt zu einem Rechteck gefaltet sein. Öffnen Sie nun die Serviette an der oberen Kante, und knicken Sie die beiden seitlichen Dreiecke nach innen, indem Sie die beiden unteren, seitlichen Ecken A und B zwischen den beiden Stofflagen nach oben, zur Mitte der Oberkante C drücken, wo sie dann zusammentreffen. (Die Abbildung macht diese Faltweise noch einmal deutlich.) Falten Sie nun die seitlichen Ecken des oberen Dreiecks nach oben um, indem Sie die Seiten des Dreiecks jeweils in der Hälfte, diagonal zur Mitte hin umfalten.
(Die Zeichnung zeigt, wie nun die umgefalteten Spitzen über das Dreieck hinausragen.)
   Wenden Sie nun die Serviette. Falten Sie nun auch die seitlichen Ecken des jetzt obenauf liegenden Dreiecks nach oben um. Falten Sie die vier oberen Ecken der Figur auf Vorder- und Rückseite nach unten um. Jetzt brauchen Sie den fertigen Schmetterling nur noch in ein schmales Glas zu stellen und dabei etwas in Form zu zupfen.

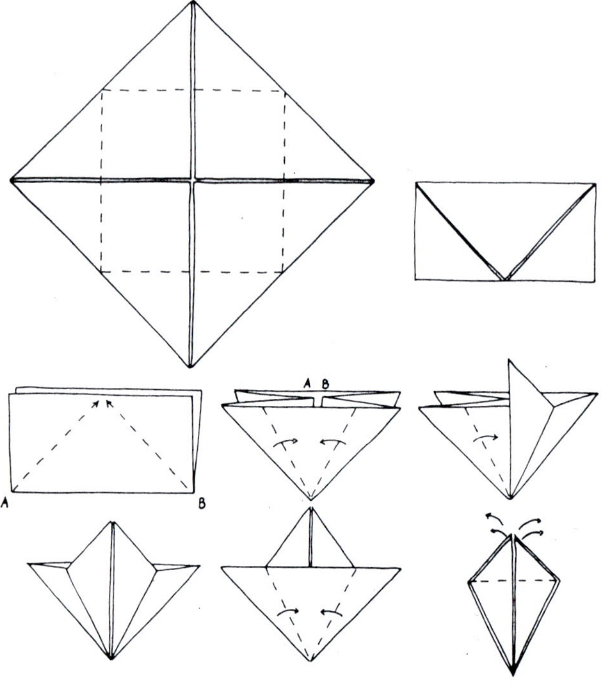

Seerose und Lotusblüte

Diese beiden Exemplare sind zwar etwas aufwendiger zu falten, gehören aber mit zu den ältesten und, wie ich finde, auch schönsten Serviettenformen: die grazile Seerose und die Lotusblüte mit einem noch dichteren Blütenblätterkranz.

Ihre attraktive Kelchform ließ diese Serviettenfiguren, insbesondere aber die Lotusblüte, zur klassischen Kaviarserviette avancieren, d. h., man legt die zur Blüte gefaltete Serviette über eine mit Eiswürfeln gefüllte Schüssel und bettet die Kaviardose in den Kelch. So bleibt der Kaviar gekühlt, kann nicht verwässern und wird auch noch stilvoll präsentiert. Es muß aber natürlich nicht immer Kaviar sein. Auch ein Teller mit Butterkügelchen, eine Schale mit Dessert oder ein Glas Krabbencocktail erhalten durch die Blütenblätter dieser Figuren einen hübschen Rahmen.

Aus einer gut gestärkten, ausreichend großen Serviette gefaltet, mit besonders hoch gezogenen Spitzen, hat die Lotusblüte sogar genug Stand, Brötchen oder Süßigkeiten, wie eine kleine Schüssel aus Blütenblätter zu halten. Natürlich können Sie aber auch Seerose oder Lotusblüte ohne Inhalt, lediglich als reine Serviette, auf dem Platzgedeck dekorieren. Als Schaustück, bzw. reine Tischdekoration, wirkt eine Blüte aus zwei verschieden großen Servietten gefaltet und dann ineinandergesetzt besonders üppig und attraktiv. Sie sehen, wie vielfältig einsetzbar diese beiden Serviettenformen sind.

Auch für Lotusblüte und Seerose sollten die verwendeten Servietten möglichst quadratisch, also nicht verzogen, und mindestens 45 × 45 cm groß sein.

Seerose und Lotusblüte werden nach der gleichen Technik gefaltet:
Brechen Sie die vier Ecken einer ausgebreiteten Serviette diagonal zur Mitte hin um. Die Kanten sollten genau aneinander stoßen und genau im Mittelpunkt zusammentreffen. Streichen Sie die Faltkanten jedesmal, auch bei den weiteren Arbeitsschritten, gut aus.

Wiederholen Sie noch einmal den gesamten Vorgang: Brechen Sie auch alle vier Ecken des entstandenen kleineren Quadrates diagonal zur Mitte hin um. Wenden Sie nun die Serviette.

Legen Sie nochmals alle vier Ecken der gewendeten Serviette zur Mitte hin um. (Die Figur sollte jetzt aussehen, wie in der Abbildung gezeigt.)

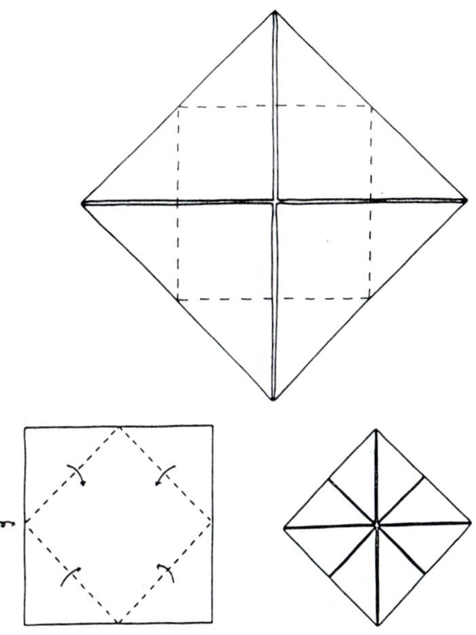

Damit die gefaltete Serviette nun beim weiteren Arbeiten nicht auseinander fällt, halten Sie die umgefalteten Spitzen mit dem Daumen der linken Hand auf der Mitte zusammen. Sie können auch einfach ein Glas oder ähnliches auf die Mitte drücken und so die Spitzen fixieren.

Ziehen Sie nun die losen Spitzen unter den vier Ecken vorsichtig nach außen hervor und etwas nach oben, bis das innere Viertel der Serviette sich hebt und der hervorgezogene Zipfel nach oben geknickt steht wie ein Blütenblatt.

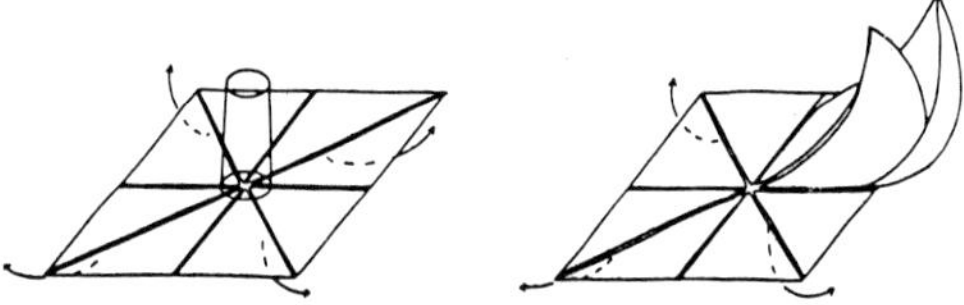

Fassen Sie unter die Mitte der Seiten und ziehen Sie die losen Zipfel, die dort liegen, ebenfalls nach außen hervor und dann nach oben. Die Figur wölbt sich dabei wie ein Kelch nach oben.

Diese Figur mit dem zweiten Kranz aus Blütenblättern nennt man dann Lotusblüte.

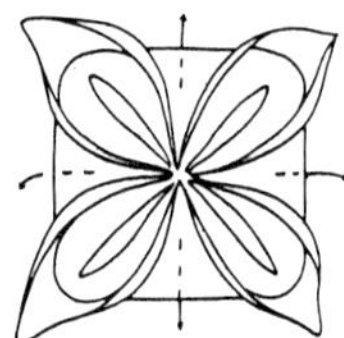

Die Rose

Nach der gleichen Technik wie ihre beiden Vorgängerinnen gefaltet, aber durch einen zusätzlichen Arbeitsgang mit noch mehr und dichteren Blütenblättern versehen: so entsteht die üppige Rose mit ihrem vollen Blütenkelch.

Verwenden Sie für die Rose eine Serviettengröße von 45 × 45, besser noch 50 × 50 cm. Zu dicker Stoff eignet sich nicht für diese Serviettenfigur.

Falten Sie die Ecken einer Serviette wieder genau zur Mitte hin um. Die Spitzen treffen sich genau im Mittelpunkt. Streichen Sie jedesmal die Faltkanten gut aus. Wiederholen Sie den Vorgang nochmals bei dem so entstandenen kleineren Quadrat. Falten Sie die Ecken ein drittes Mal zur Mitte hin um. Wenden Sie nun die Serviette. Schlagen Sie nun auch auf dieser Seite die Ecken wieder zur Mitte hin um. Drücken Sie die umgefalteten Spitzen mit den Fingern oder einem Glas fest auf die Serviette, damit diese beim Weiterarbeiten nicht auseinander fällt. Die losen Zipfel liegen nun in drei Lagen versetzt unter der Serviette. Beginnen Sie nun vorsichtig, die losen Spitzen der äußersten Lage unter den Ecken der Serviette hervor nach außen und oben zu ziehen. Fassen Sie nun unter die Seiten der Serviette, und ziehen Sie die dort liegenden losen Zipfel der zweiten Lage hervor. Die vier losen Spitzen der dritten Lage liegen jetzt wieder unter den Ecken der Serviette. Ziehen Sie diese ebenfalls hervor und biegen Sie sie nach oben. Die fertige Rose hat so einen vollen Kelch aus drei Blütenblätterkränzen.

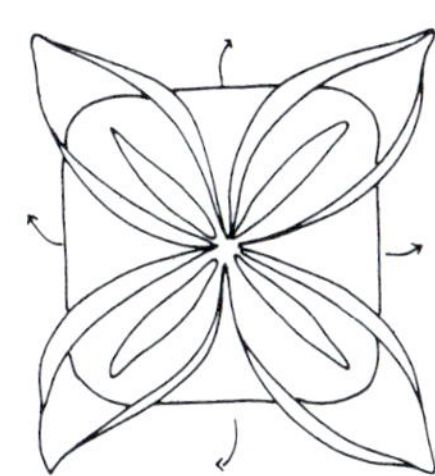

Pfau und Schwan

Zum Abschluß ein paar Beispiele, die wohl zu Recht zur Krönung der Serviettenfaltkunst zählen – aus Servietten gestaltete, plastische Figuren, die als Tisch- oder Buffetdekoration besondere Akzente setzen: der dekorative Pfau, der elegante Schwan und der noch prächtigere große Schwan.

Diese Figuren werden aus mehreren Servietten zusammengesetzt und sind eigentlich als Schaustücke gedacht, können aber natürlich auch auf dem Platzteller dekoriert werden. Der Körper dient dann als Halter für die eigentliche Serviette und wird später einfach zur Seite genommen.

Dieser Vogel, der schon in der Natur als Synonym für die Zurschaustellung von Schönheit gilt, ist natürlich prädestiniert, zum Blickfang der Tischdekoration zu werden.

Alles, was Sie brauchen, sind zwei 45 × 45 bis 50 × 50 cm große Servietten und ein Stück Alufolie. Die erste Serviette wird, mit Alufolie gestützt, nach untenstehender Arbeitsanleitung zum Körper des Pfaus geformt. Die zweite Serviette zum

Pfauenfächer gefaltet, wenn Sie möchten noch mit Spitzen oder Zacken verziert, wie Sie ihn schon kennengelernt haben, dient, unter dem Körperende befestigt, als prächtiger Schwanzschmuck des Pfaus.

Fertigen Sie die Grundform des Körpers: Drehen Sie eine ausgebreitete Serviette auf die Spitze. Schneiden Sie die Alufolie zu einem Quadrat, das etwas kleiner als die Serviette ist, und legen Sie die Alufolie, wie in der Zeichnung gezeigt, auf die Serviette. Falten Sie nun die obere Spitze der Serviette auf die untere, indem Sie sie in der Hälfte nach unten brechen, so daß ein Dreieck entsteht. Streichen Sie nach jedem Faltvorgang die Serviette fest über die Folie, damit der Stoff später schön straff die Folie umspannt. Brechen Sie jetzt die seitliche Ecke A diagonal vom Mittelpunkt der Oberkante aus auf die untere Spitze B. Falten Sie nun die seitlichen Ecken C des Vierecks diagonal von der oberen Spitze aus nach innen, so daß sie sich auf der Mittellinie treffen. Die Seiten der entstandenen Raute werden jetzt, wieder diagonal von der oberen Spitze aus, nach innen gebrochen, so daß sich auch hier die seitlichen Ecken D auf der Mittellinie treffen.

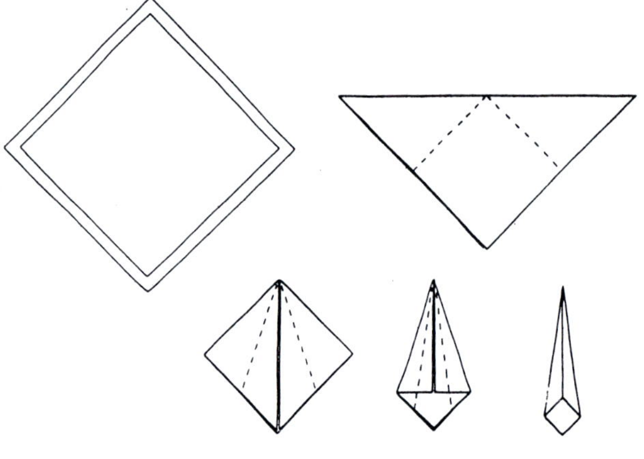

Der Pfau

Falten Sie die Grundform für den Körper. Wenden Sie dann die Figur. Biegen Sie die Spitze der Figur nach oben zum Hals. Sie müssen zum Ausformen die Serviette fest fassen und drücken wie beim Modellieren. Die Alufolie im Inneren der Serviette nimmt so die gewünschte Form an. Biegen Sie zum Schluß das spitze Ende der Serviette zum Schnabel um. Markieren Sie den Schnabel noch mit einem zusätzlichen Knick.

Sie sehen nun schon deutlich die Körperform. Falten Sie nun die zweite Serviette zum Pfauenfächer, arbeiten Sie diesen nach Wunsch mit Spitzen oder Zacken aus, und stellen Sie ihn in einen Serviettenring. Den Pfauenfächer als Schwanz unter das Körperende geschoben, entsteht so der Pfau.

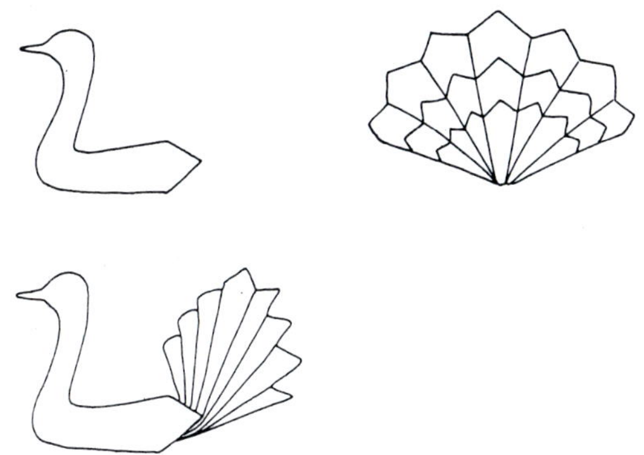

Der Schwan

Fast noch eleganter als das vorherige Beispiel zeigt sich hier der graziöse Schwan mit seinem schlanken, geschwungenen Hals und dem duftigen Federkleid.

Sie brauchen wieder zwei Servietten der Größe 45 × 45 oder 50 × 50 cm, für diese Figur natürlich stilecht in edlem, strahlendem Weiß, und ein quadratisches Stück Alufolie, etwas kleiner als die Serviette.

Die Körperform ist im Grunde die gleiche wie beim Pfau, wurde aber nach dem Falten nicht gewendet, und noch fester und somit schlanker ausgeformt, dann zum typischen Schwanenhals gebogen. Die zweite Serviette, zur Dschunke gefaltet, wie Sie sie schon kennen, bildet das üppige Schwanzgefieder.

Falten Sie die Grundform. Brechen Sie dann diese Grundform längs der Mitte, beide Seiten werden eng nach hinten gefaltet. Legen Sie die Figur auf die Seite, und drücken Sie sie so flach wie möglich. Biegen Sie die Figur nach oben zum typischen Schwanenhals, knicken Sie das Ende der Spitze zum Schnabel um. Formen Sie die Brust etwas rund aus und drücken Sie das restliche Körperende flach. Um eine hübsche Körperform zu erhalten, ist es wichtig, daß Sie die Serviette bei diesen Arbeitsschritten fest drücken und modellieren, als

ob es ein Stück Ton sei. Achten Sie beim Ausformen des Schwanenhalses vor allem darauf, daß Sie die oberste Stofflage fest in den Bruch drücken, damit dieser verdeckt wird. Falten Sie die zweite Serviette zur Dschunke, und setzen Sie diese als Federkleid auf das flache Körperende.

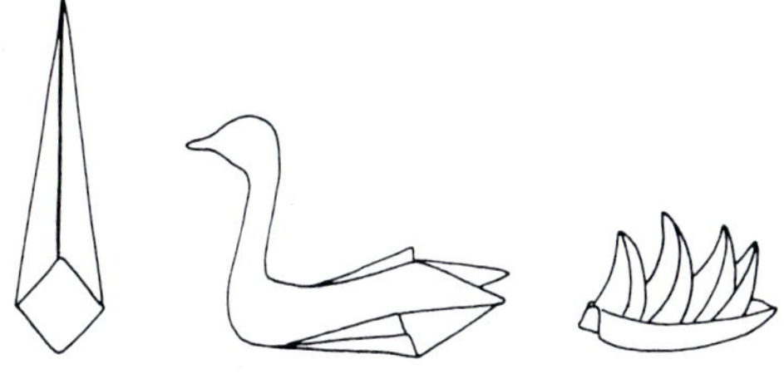

Der große Schwan

Noch eindrucksvoller: der große, majestätische Schwan. Aus drei Servietten zusammengesetzt, wird diese Figur zum Paradestück einer jeden Tafel oder eines Buffets.

Falten Sie die erste Serviette, mit Alufolie gestützt, nach der Körpergrundform, und arbeiten Sie sie zum schlanken Schwanenkörper aus, wie Sie es schon vom einfachen Schwan kennen. Falten Sie die zweite Serviette zur Lotusblüte. Umgestülpt und auf das flache Körperende gesetzt, wird der Blütenkelch dann zum Körper mit Flügelgefieder.

Das Schwanzgefieder bildet wieder eine zur Dschunke gefaltete Serviette.